CB079937

CONVERSAS POLÍTICAS

DESAFIOS PÚBLICOS

CONVERSAS POLÍTICAS

DESAFIOS PÚBLICOS

Entrevistas com

Fernando Henrique Cardoso
Fernando Haddad
Aldo Fornazieri

Organizadores
Carlos Muanis e Aldo Fornazieri

1ª edição

CIVILIZAÇÃO BRASILEIRA

Rio de Janeiro
2014

Capa: *Thiago Pitt*

Os organizadores agradecem à Editora Civilização Brasileira, na figura de Andréia Amaral e sua equipe, pelo apoio e profissionalismo essenciais.

CIP-BRASIL. CATALOGAÇÃO NA PUBLICAÇÃO
SINDICATO NACIONAL DOS EDITORES DE LIVROS, RJ

M912c

Muanis, Carlos
Conversas políticas, desafios públicos : entrevistas com Fernando Henrique Cardoso, Fernando Haddad e Aldo Fornazieri / Carlos Muanis, Aldo Fornazieri. – 1ª ed. – Rio de Janeiro: Civilização Brasileira, 2014.
176 p. : il. ; 21 cm.

ISBN 978-85-200-1043-3

1. Cardoso, Fernando Henrique, 1931- – Entrevistas. 2. Haddad, Fernando, 1963 – Entrevistas. 3. Fornazieri, Aldo – Entrevistas. 4. Ciências sociais. I. Fornazieri, Aldo. II. Título.

14-12007

CDD: 923
CDU: 929:316

Texto revisado segundo o novo Acordo Ortográfico da Língua Portuguesa.

Direitos desta edição adquiridos
EDITORA CIVILIZAÇÃO BRASILEIRA
Um selo da
EDITORA JOSÉ OLYMPIO LTDA.
Rua Argentina, 171 – Rio de Janeiro, RJ – 20921-380 –
Tel.: 2585-2000

Seja um leitor preferencial Record.
Cadastre-se e receba informações sobre nossos lançamentos e nossas promoções.

Atendimento e venda direta ao leitor:
mdireto@record.com.br ou (21) 2585-2002.

Sumário

Os personagens:

Fernando Henrique Cardoso — Sociólogo, professor universitário, foi presidente da República por dois mandatos consecutivos (1995 a 2002).

Fernando Haddad — Cientista político, professor universitário, foi ministro da Educação (2005 a 2012) e eleito prefeito da cidade de São Paulo em 2012.

Aldo Fornazieri — Graduado em Física pela UFSM, mestre e doutor em Ciência Política pela USP. Diretor acadêmico da Fundação Escola de Sociologia e Política de São Paulo.

Os entrevistadores:

Carlos Melo — Doutor em Ciências Políticas pela PUC/SP, pesquisador e professor do Insper — Instituto de Ensino e Pesquisa. Autor do livro *Collor: o ator e suas circunstâncias.*

Moisés Marques — Doutor em Ciência Política pela USP, docente e coordenador do Curso de Pós-Graduação em Política e Relações Internacionais da Fundação Escola de Sociologia e Política de São Paulo (FESPSP). Autor do livro *Quebra de protocolo — a política externa do governo Lula (2003-2010).*

Carlos Muanis — Sociólogo, formado pela Fundação Escola de Sociologia e Política de São Paulo (FESPSP). Psicanalista, formado pelo Centro de Estudos de Psicanálise (CEP). Sócio-diretor da CDN Relações Institucionais.

Apresentação

A ideia de fazer um livro de entrevistas abordando temas políticos da atualidade nasceu no contexto das comemorações dos 80 anos da Fundação Escola de Sociologia e Política de São Paulo (FESPSP). A fundação nasceu originalmente como Escola Livre de Sociologia e Política em 1933, constituindo o primeiro curso de Ciências Sociais no Brasil. A derrota da Revolução Constitucionalista de 1932 foi uma espécie de pano de fundo do surgimento da Escola Livre de Sociologia e Política, organizada por intelectuais, artistas e líderes empresariais da época. Essa origem e o leito políticos da instituição inspiraram a ideia de fazer um livro com entrevistas em torno de temas contemporâneos.

A história do ex-presidente Fernando Henrique Cardoso como sociólogo e como político dispensa apresentações. Talvez o que muita gente não saiba é que ele foi presidente, por algum tempo, do Conselho Superior da FESPSP na década de 1980. Por sua ligação com a instituição e por sua obra sociológica, foi o principal homenageado nas comemorações dos 80 anos. Aldo Fornazieri, além de ter uma longa história como professor dos cursos de pós-graduação e graduação da FESPSP, é seu atual diretor acadêmico.

Mas por que entrevistar o prefeito Fernando Haddad num livro de origens fespianas? Ocorre que a FESPSP surgiu com uma forte ligação com os temas da sociologia urbana, influenciada pela Escola de Sociologia de Chicago. Ao entrevistar o prefeito da cidade de São Paulo pretendemos fazer uma religação com essa temática de fundo, vinculando o passado com o presente e apontando para o futuro, alimentados pela convicção de que os temas e os problemas urbanos estarão no centro do debate político no século XXI. Os entrevistadores — Carlos Melo, Carlos Muanis e Moisés Marques — tiveram passagens pela FESPSP ou estão na instituição.

A escolha do formato de um livro de entrevistas tem a intenção de oferecer ao público mais amplo a oportunidade de interagir com os temas políticos candentes da atualidade. Pretendeu-se buscar um tom mais coloquial, informal, de conversa mesmo, sem o rigor que é necessário aos textos mais acadêmicos ou de natureza científica.

O ano de 2013, sem dúvida, foi singular na história política do Brasil. A eclosão de manifestações de rua, sem o patrocínio de aparatos organizados como sindicatos e partidos, evidenciou um acontecimento histórico com características novas. As análises que se seguiram aos protestos suscitaram e ainda suscitam muitas polêmicas e debates sobre seu significado e seus impactos. Os protestos no Brasil, aparentemente, fazem parte de um contexto internacional mais amplo que está imbricado com a crise internacional, com a crise das próprias democracias e com as necessidades e pressões por transformações políticas, econômicas e sociais.

A crise do nosso tempo é, assim, o pano de fundo das três entrevistas. Mas os assuntos que elas abordam são múltiplos. As conversas foram soltas e descontraídas, e o seu próprio desenrolar construiu o fio condutor de cada uma delas. Esperamos, dessa maneira, que este pequeno livro não seja julgado pelo rigor das formas, mas pelo seu conteúdo e por aquilo que ele é: conversas sobre assuntos políticos contemporâneos.

Janeiro de 2014

Aldo Fornazieri e Carlos Muanis — Organizadores

Parte 1

Fernando Henrique Cardoso

Fernando Henrique Cardoso, o intelectual público e as crises do mundo moderno

Apresentação de Carlos Melo

O ex-presidente Fernando Henrique Cardoso nos recebeu na sede de seu instituto (iFHC), no centro de São Paulo, acessível e cortês, sem qualquer afetação em relação a si mesmo e a tudo o que representa e fez na vida. Foi, porém, direto e sem firulas ou rapapés; apontando as poltronas em que passaríamos um bom par de horas, nos convidou à sua objetividade de intelectual produtivo e de executivo com agenda apertada. Anos de universidade com a preocupação de produzir e, certamente, também o cotidiano concorrido do senador, do ministro e do presidente da República que ajudou a transformar o país numa era de transformações profundas e alucinantes o fizeram tomar as rédeas também dessas ocasiões: "Vamos trabalhar?!", nos atalhou. E foi assim: uma tarde de trabalho profícuo em torno de uma mente muito mais que ativa, ligada de modo amplo e substantivo; vinculada à realidade, antes de tudo; e às questões que essa nova realidade tem colocado à política e aos políticos; aos intelectuais em geral e aos cientistas sociais, em particular.

O político FHC estava presente, é claro. Mas, mais na picardia irresistível de um ou outro comentário do que de corpo e alma. O que predominava era mesmo o homem e a biografia preocupados com a História e com o futuro da História. A realidade presente, sem ressentimentos, é sua matéria-prima e fonte de reflexão. FHC está focado no mundo e nos seus ruídos; nos silêncios, limites e omissões das análises; na possibilidade de avanços. O mundo ao seu redor claramente não se limita ao Vale do Anhangabaú, onde está seu escritório; o mundo do intelectual ex-presidente é o mundo todo.

E a facilidade com que transita entre os diferentes temas realmente impressiona: da crise da política, dos sistemas representativos e dos partidos às novas tecnologias e novos movimentos sociais. Da crise de liderança mundial às grandes referências do passado longínquo e do passado recente — com as quais privou e ainda priva — aos problemas da conjuntura e da crise de liderança política no Brasil. Da bibliografia clássica, dos grandes voos teóricos das ciências sociais às abordagens modernas, mais técnicas e de múltiplas e variadas questões, à dificuldade de sínteses explicativas do mundo contemporâneo. De Marx, Weber e Durkheim a Manuel Castells; dos clássicos brasileiros que, para o bem e para o mal, ainda ajudam a explicar o Brasil.

Em tudo, Fernando Henrique foca sua lanterna analítica e aponta para a grande dificuldade em compreender e agir em torno do mundo moderno. Um mundo em transição do qual a política e a ciência não conseguem dar conta de compreender e explicar. Até porque tudo é muito vertiginoso e recente, faltam-nos instrumentos. O intelectual público, não especialista, tateia na tentativa de encontrar as chaves de seu entendimento mais amplo, profundo, sistêmico. Fernando Henrique é esse intelectual; irrequieto, questionador, em busca da compreensão e da possibilidade de uma boa explicação de modo a contribuir para a superação dos entraves, dos problemas; em busca da igualdade e dos direitos humanos. Igualdade observada não mais em sua vertente marxista, mas sob um ângulo, talvez, um tanto anglo-saxão demais para o seu gosto, mas direto, objetivo e plausível: o da possibilidade de fornecer as mesmas condições e oportunidades a todos.

Compreender, explicar, agir... O voo amplo e altaneiro sobre o mundo, com a perspectiva de um quadro geral que rapidamente — mas não apressadamente — o identifique; com a possibilidade de mergulhos e aterrissagens a todo momento, em qualquer ponto da Terra, da realidade onde o local e o global possam se encontrar. Onde essa perspectiva macro e os problemas micro se cruzem; onde possam expressar sínteses e superações. É essa a perspectiva da entrevista que fizemos com Fernando Henrique Cardoso, o intelectual público mundial, preocupado com as múltiplas crises por que passam seu mundo e sua aldeia.

A entrevista:

Carlos Melo: Para começar nossa conversa, uma pergunta muito singela; uma reflexão sobre a política e a ação política: há uma crise "da" política, não uma crise política?

FERNANDO HENRIQUE CARDOSO: Eu acho que não há dúvida. Mas, depende do que se entende como política: se você entender política como os processos que dizem respeito à maneira pela qual as decisões são tomadas — os processos decisórios — e ao mecanismo pelos quais se legitima quem toma essas decisões e depois se legitimam as decisões políticas tomadas, você tem no mundo todo uma crise grande, nesse processo todo. Não é uma crise limitada — um caso, outro caso —, mas sim uma crise geral. Pode-se perguntar: essa crise dentro da democracia é representativa? Em parte é, em parte não. É uma crise que diz respeito a quem toma decisão, mas que não é representativa de nada. Se você vai para a Europa, é a mesma coisa. Mesmo na China, onde há um sistema totalmente diferente, existem amplas áreas de descontentamento que se refletem na vida chinesa. Isso deriva do quê? Deriva de muitas coisas, mas, obviamente, existe um substrato material, razões que explicam tais movimentos.

A globalização trouxe uma grande mudança ao mundo. Boas e más consequências. O bom foi que dinamizou mais o acesso à educação, reduziu a pobreza, coisas desse tipo. O mau foi que também aumentou a desigualdade, embora se tenha diminuído a pobreza — dá para ver uma diferenciação muito grande entre as classes e entre os países. E com a crise econômica mais recente, de 2007/2008, o mundo teve que se comprimir. Ainda que aqui tenhamos nos iludido pela "marolinha", a onda chegou até aqui também. A crise foi geral e se deu por todos os lados. Vou sempre à Europa e aos Estados Unidos — Ásia também; na Europa, por exemplo, percebe-se aquilo que se denominou um *malese*, um mal-estar geral, que pega tudo. Pode ser que a crise financeira atual seja um fator detonador em alguns casos, mas ela não necessariamente explica tudo.

Veja aqui no Brasil: não foi pela falta de emprego ou mesmo de renda que as pessoas reagiram — há isso também —, mas acho que o mais novo disso tudo é que o acesso à informação e a capacidade de você se expressar aumentaram muito com a internet. Ainda que um ou outro país possa escapar disso, a modificação tecnológica pegou quase todos os países; as pessoas têm um potencial de se expressar muito maior do que jamais tiveram e estão aprendendo a lidar com ele. Isso, somado à crise econômica, realmente gerou uma desconfiança nos processos decisórios e naqueles que tomam decisão.

Carlos Melo: Voltando um pouco atrás, antes da crise de 2008, à crise do Estado de bem-estar social e aos anos Reagan e Thatcher. A frase de Margaret Thatcher que "esse negócio de sociedade não existe, o que existe são os indivíduos e suas famílias" não destrói, em certa medida, o sentido da política?

FHC: A política tal qual nós entendemos se dá em âmbitos definidos institucionalmente: o Estado, os partidos, os congressos, as assembleias legislativas, entre outras instituições, isto é, o *modus operandi* de organizar o coletivo. Quando Margaret Thatcher vem e diz o que você se refere, estabelece-se o hiperindividualismo. É claro que você tem um esgotamento do modelo social europeu por causa de dificuldades econômicas, mas, a partir daí, imaginar que pode suprimir aquilo que já tinha sido consolidado e criar uma nova sociedade de pura competição é fantasia. Isso levou a uma situação de mal-estar.

Qual foi a resposta a essa situação de mal-estar? Em um dado momento houve aceleração econômica, e houve também a aceitação das economias de mercado de forma mais ampla. Alguns poucos países desmontaram o Estado de bem-estar social. Na verdade, houve uma espécie de congelamento do Estado de bem-estar social. O ideal de Thatcher, na verdade, não chegou a se concretizar. Mesmo na Espanha, onde houve uma mudança grande com [José María] Aznar, não se conseguiu substituir a ideia do coletivo pela ideia do individualismo.

Sua pergunta é boa pelo seguinte: isso que a internet agora gera é um pouco diferente, porque não é o individualismo no sentido clássico, em que se recusa o social. É outro pensamento: "Eu, pessoa, quero participar desse processo; não aceito que você, presidente, mande sem que tenha a minha aceitação, minha anuência. E vou me comportar em conexão com outros." Conexão. Não se trata do individualismo possessivo, como se poderia pensar; é outra coisa. Um novo tipo de coletivo, podemos dizer assim, em que a pessoa é contra, mas não está reivindicando em seu próprio nome, ela quer participar e quer criar uma rede de participação. Até onde sei, ainda não se conseguiu resolver como esse tipo de sociedade altamente baseada em todo esse instrumental de comunicação tecnológica vai desembocar na modificação das instituições.

Veja o que está acontecendo no mundo árabe. A tal Primavera Árabe despertou uma enorme ilusão no mundo ocidental de que, naqueles países, se iria caminhar para democracias representativas. Mas o que está acontecendo? Os primeiros indícios mostram que a maioria nesses países não tem um pensamento ocidental; sinaliza que é muçulmano e quer manter certos valores. Mas "representativa" não é daquilo que o Ocidente gostaria que fosse. Segundo, não se conseguiu dissociar isso das formas institucionais conhecidas no mundo ocidental. Está havendo uma regressão de novo; vemos lá no Egito, na Líbia, não propriamente uma regressão, mas um desmantelamento do que havia antes, sem nada para substituí-lo. Na Síria, por exemplo, eles não conseguem chegar a um entendimento. Então, estamos assistindo a um mundo muito complicado, pois o mundo se integrou, houve integração no sentido dos meios de comunicação, transporte, do predomínio do mercado, mas não se está vendo de que maneira isso vai colar com institucionalidades aceitáveis — ao menos pelos padrões ocidentais.

Carlos Melo: É o caso dos partidos políticos, por exemplo... enquanto uma forma de institucionalização.

FHC: Exatamente. A noção de partido, tal como existiu na Europa, nem aqui funciona, quanto mais no mundo árabe. Isso para não falar de outros mundos por aí. Há aqui um problema complicado. Agora mesmo estava lendo um livro muito interessante que levanta a questão do mundo mediterrâneo europeu e sua responsabilidade com o mundo árabe. Seu autor enfatiza que temos que entender que, uma vez que foram rompidas as ditaduras, o novo poder que está sendo formado vai ser mais contra nós — quer dizer, o mundo europeu — que as ditaduras que se foram.

As ditaduras, embora politicamente ditaduras, aceitavam muito mais o jogo do poder do mundo ocidental do que esses novos regimes. E, como não é mais ditadura, não vão aceitar esse jogo do poder estabelecido, e novos conflitos se estabelecem. Por isso, penso eu, temos que inventar um modo de aceitar a unidade da diversidade. Mas o que ocorre é o oposto, aumenta a estigmatização: "é muçulmano, então está próximo de ser terrorista", o que é um absurdo. Não se está aceitando a diversidade, e dessa forma não se sabe como integrá-la. Então, não tenho dúvida de que esse processo começou lá atrás e está tendo desdobramentos que não foram previstos por Margaret Thatcher.

Moisés Marques: Presidente, nesse sentido, quando a gente fala em liderança política (o senhor faz parte dos chamados Elders, um conselho criado pelo ex-presidente Nelson Mandela), hoje, de alguma forma, sentimos falta de lideranças. O próprio Mandela, que tem 95 anos de idade (Mandela morreu logo após essa entrevista, em dezembro de 2013). Barack Obama foi uma grande promessa, mas, enfim, não se pode dizer que se consolidou como grande liderança. Vivemos uma crise de liderança política também no mundo?

FHC: Foi interessante você mencionar esse aspecto e relembrar o Mandela. Mandela criou esse grupo chamado The Elders, formado por dez pessoas que ele escolheu, cuja força é moral, não tem poder real. A condição para participar é não estar envolvido diretamente com o poder. Por quê? É exatamente uma resposta não consciente a esse processo de desmoralização que permeia o poder. Quem sabe, injetar novos valores!

Sobre a falta de liderança, eu acho que é uma coisa complexa, mas que realmente existe. Por força das circunstâncias, e no mundo todo, a partir da Segunda Guerra Mundial, vive-se uma fase em que é preciso integrar países. Fizeram acordos entre vencedores, que já supunham diversificação, em que estavam os comunistas, os não comunistas. O fim da guerra, com a emergência dessa nova articulação no mundo, gerou lideranças muito fortes, muito fortes mesmo. Quando você lê a correspondência do [Franklin Delano] Roosevelt com o [Josef] Stalin, você percebe. É muito interessante. Que estirpe de líderes havia ali? [Winston] Churchill, [Charles] De Gaulle, gente que tinha visão, predicado que não acabou naquela geração, porque a geração que fez a unidade da Europa foi a seguinte, e essa também tinha capacidade de uma influência moral muito grande.

De alguma maneira, com a globalização você tem um relativo declínio do Estado, porque se eu quiser exagerar — talvez não seja nem exagero —, a globalização significa o fim do imperialismo, e isso significa que o Estado, que possa servir os interesses econômicos, para garantir o abastecimento de matéria-prima, mercado, se enfraquece. As empresas cresceram tanto e se interconectaram tanto, no nível tão geral, que ficaram mais fortes que o Estado, ou tão fortes quanto. Isso, a meu ver, teve efeitos políticos de outra natureza também: atraiu as lideranças mais fortes para o setor privado, e de alguma maneira o setor privado pensou que pudesse dispensar a regulação e, portanto, a liderança política.

No Brasil, na minha época, na nossa época, era normal que as pessoas se interessassem pelas coisas globais, pelo governo. Mas, depois, a facilidade foi tanta no mercado que os grandes talentos jovens foram para o setor privado e ganharam dinheiro, ficaram ricos ou estão ficando. Mercado, empresas em geral, desenvolvimento científico... Enfim, mais isso que o Estado. De alguma maneira dava a impressão de que a força das empresas e do mercado viria a ser tanta que o Estado, portanto a política, poderia ser posto à margem. Com a crise, viu-se que não é bem assim. Mas essa percepção chegou em um momento em que as lideranças políticas já eram mais fracas.

Carlos Muanis: E houve uma seleção adversa com relação à política?

FHC: Eu creio que sim. Se olharmos para a Europa hoje — Portugal, por exemplo, que conheço bem: o país teve uma fase de transição. Primeiro houve o Salazar. Mas, superado esse momento, veio o Marcelo Caetano, depois o Mário Soares, pessoas que tinham um nível bastante elevado. Hoje é um tecnocrata, Passos Coelho, que conheço também, e por acaso jantamos no dia em que ele assinou um decreto — desconhecido por mim — que propunha diminuir a contribuição das empresas e aumentar a das pessoas para a previdência social; quer dizer, aumentar a contribuição dos pobres e diminuir a dos ricos. Portugal, no dia seguinte, se rebelou e ele teve que voltar atrás. Num líder de visão mais ampla isso não teria ocorrido.

Voltemos ao passado, à fase do fim da Guerra Fria, verifique a dimensão dos líderes. Na Espanha, o Felipe González; na Grã-Bretanha, a [Margaret] Thatcher; na

França, o [François] Mitterrand; na Alemanha, o [Helmut] Kohl. Só gigantes, pessoas extremadamente fortes. Depois, pegue-se a Espanha do [José María] Aznar, que é uma versão, digamos, pragmática da política. Sai o Aznar, chega o partido socialista, do [José Luis] Zapatero, com visão limitada sobre a crise europeia. Na própria França, o [François] Hollande é mais um burocrata de partido que um verdadeiro líder. O [Nicolas] Sarkozy expressa maior liderança que seu sucessor nesse sentido.

Agora, com a crise atual na Europa, crise econômica e política, talvez seja o momento em que novas lideranças apareçam. Eu sempre disse, em tom de brincadeira, mas que expressa um pouco o que eu penso, que o grande líder europeu não era europeu nem democrata, era o [Vladimir] Putin. E ele não é um democrata verdadeiro, nem é europeu propriamente dito. Na Europa você não tem nenhuma figura assim que calhe, um político que expresse liderança inconteste. É até curioso, mas a pessoa que escreveu o livro que mais impacto causou na Europa, o Stéphane Hessel, morto agora aos 95 anos — ele esteve aqui no Instituto faz uns seis anos. Homem indignado, mas de outra época. Ele é um dos redatores da Declaração dos Direitos do Homem, um sujeito muito interessante. Sabe aquele filme *Jules e Jim*? Ele era filho não sei se do Jules ou do Jim. Enfim, ele teve sólida formação: judeu, alemão, uma cultura brutal. Surge uma pessoa assim para expressar alguma coisa relevante.

Os Estados Unidos tiveram uma certa vantagem. De alguma maneira, nos EUA, por incrível que pareça, os partidos políticos ainda têm um importante significado. Os dois partidos representam alguma coisa. E tanto o [Bill] Clinton, uma pessoa que tem realmente capacidade de liderança, como o [Barack] Obama, ambos se destacam. Mas acontece que nos

EUA também há uma certa paralisia do sistema decisório, no caso das forças do Congresso, pois, como é meio a meio, há certa paralisia. Por isso o Obama não consegue fazer nada muito consistente, fora o bom discurso.

Enfim, eu acho que sem dúvida alguma houve um momento de lideranças fortes, mas atualmente não é bem assim. Pode haver uma situação como a da China, onde a liderança pessoal importa menos que em outros países. O sistema do Partido Comunista mostra uma vinculação entre o partido e a tradição chinesa, de mandarins e Confúcio. O mandarim é um burocrata ilustrado, faz exame. Não é uma nobreza, é um funcionário competente e com a ética confucionista da virtude de servir ao povo. O Partido Comunista chinês é interessante, assimilou em seu modo de funcionamento as técnicas das multinacionais.

Na multinacional se faz carreira burocrática; o sujeito vai trabalhar na Colômbia, por exemplo; depois vai para a Bélgica, vai para outros lugares; volta, faz a carreira e é avaliado. Com os chineses é a mesma coisa. Para chegar à liderança máxima eles têm que passar por várias etapas dentro da própria China, fazer uma carreira burocrática, de mérito. E como eles têm o sistema de mudar a regra — a mudança é por geração, agora estão entrando na quinta geração —, a cada dez anos muda tudo. Mas muda com continuidade, porque há um processo. Um sistema um pouco diferente do nosso aqui. De modo que, talvez, lá não se sinta tanto a falta de liderança.

Aldo Fornazieri: Maquiavel diz mais ou menos o seguinte: os grandes líderes surgem em momentos de necessidades, de grandes desafios. O senhor apontou um problema de enfraquecimento relativo ao Estado e que talvez isso se

relacione com o problema do enfraquecimento das lideranças. Então em tese quer dizer que se nós ingressarmos nesse mundo de grandes desafios e necessidades pode ser que surjam novas lideranças.

FHC: Pode ser. Tomara que sim. Como estamos na época pós-imperialista, não existem mais guerras entre potências econômicas. Tem guerras religiosas, que são distintas. E o Estado diminui muito de importância. Bom, agora você vai ter que ter liderança em nível global, o que é muito complicado.

Aldo Fornazieri: O papa Francisco seria uma liderança global?

FHC: Ele é. Ele pode exercer essa liderança em nível global. Como outras lideranças, no fim da Segunda Guerra — e da Primeira também. A Primeira [Guerra] teve o [Woodrow] Wilson, que propôs uma reorganização. Na segunda, o [Winston] Churchill, o [Charles] De Gaulle... Todos eles tiveram grande visão. Agora nós não conseguimos realmente organizar politicamente esse mundo globalizado. Não se conseguiu ainda, digamos, uma forma de organização legal do poder internacional. Continuamos entre aquela velha ideia de que no mundo internacional o que vale é a força, o Estado-nação que detém a força e a ideia de que tem que ter uma visão de direitos, uma visão de coordenação. Mas, hoje, há problemas que indiscutivelmente não se resolvem mais no conceito do Estado Nacional. Problemas ecológicos, dos direitos humanos em geral, entre outros, que necessitam de regulação global. Isso não está claro ainda como será feito, e o que mais se aproximou disso foi a tentativa de fazer esse G20. Mas o G20 não tem secretariado, é uma *photo opportunity*, as pessoas se reúnem e depois o assunto acaba no próprio encontro. Portanto ainda estamos, com a ONU, sob a égide do que foi feito nos anos 1945-1946.

Carlos Muanis: Presidente, com esse fenômeno das redes, essa mobilização que permeia tudo, como o senhor vê esse poder da comunicação instantânea ao lado desse vazio de representação dos partidos, governos e instituições? Ou seja, qual o tamanho do desafio?

FHC: Não está resolvida essa questão. Precisa ser avaliada de país a país. Existem países de ordem política mais integrada, por exemplo, a Inglaterra ou os Estados Unidos. Ali, essas crises não abalam tanto, pois a força institucional ainda é muito grande. Observem os protestos nos Estados Unidos: o [George W.] Bush perde a votação numérica, mas ganha segundo as regras do colégio eleitoral, e tudo bem, ninguém discute. Pesa ainda a instituição. Em um país onde a instituição pesa menos, caso dos nossos todos aqui, na América Latina, ou mesmo dos europeus continentais, isso é complicado, devido a esse sentimento de que ninguém aceita regra nenhuma. Se você tiver um espírito, digamos assim, mais — não sei se a expressão anárquica é correta — mas se você acreditar que a sociedade, por ela própria, pode ferver e com isso ela resolve os problemas, e depois ela desaquece, depois volta a ferver, você vai dizer: no futuro talvez não se precise de instituições tão fortes. Essa visão é de [Manuel] Castells.

No fundo, Castells analisou isso em seu mais recente livro (*Comunicação e poder*). A Islândia, por exemplo, mudou suas instituições em função da crise. Mas lá são poucos habitantes. Nos demais países, o que resultou desse movimento todo? No mundo árabe resultou na queda de um governo, mas não resultou em um mecanismo regular de funcionamento entre a vontade rousseauniana que se expressa pelas redes e as instituições. Isso não está resolvido. Então, acho que não está muito claro que seja possível gerir um mundo tão complexo quanto o nosso simplesmente a partir da ideia de que a cada cinco, dez anos a sociedade balança e com isso ela se ajusta. Minha preocupação e minha visão são mais institucionais.

Acho que vamos precisar desenvolver alguns mecanismos capazes de compatibilizar a vontade geral, expressa diretamente, com a representação. Agora, como se faz isso num plano local e num plano global? E no plano global é mais difícil ainda. Apenas estabelecer o sonho kantiano de uma regra geral, universal, imperativa, para organizar as relações? Creio que seja esse o desafio do século XXI. Mas leva um século para fazer isso, não é? O Estado Nacional como tal começou no século XIX, na Europa, e durou um século e meio como força única. Hoje já não é mais única. Há a empresa e o discurso global. O Estado desse modo só durou um século. Vamos levar esse outro século para compor essas coisas.

O que é próprio do Estado Nacional? O que é global e o que é o direito à cidadania? Como misturar esses níveis todos? Não sei se haverá uma só solução, é difícil você imaginar que haja uma só solução, pois o mundo árabe é uma coisa, o mundo oriental é outra; o mundo ocidental, ainda mais outra. Poderá haver certa permeabilidade entre esses mundos ou não, depende do grau de flexibilidade de cada um deles, e, por outro lado, vai depender também da capacidade que tem a liderança de negociar processos que não levem ao conflito geral.

O último livro que eu li do [Henry] Kissinger, que é muito interessante, foi sobre a China. O Kissinger é um homem que acredita no equilíbrio de poder, em que a única forma de evitar a guerra é ter poderes equilibrados. Se houver força de um lado apenas, haverá a dominação. De modo que ele aposta que China e Estados Unidos poderão desenvolver uma ação paralela de aproximação, e, portanto, não haverá choque entre esses superpoderes. Os chineses desenvolvem teorias parecidas: há um livro interessante de dois americanos da Califórnia, profundos conhecedores do mundo chinês, que traduz muito bem o espírito do debate que há na China: a China passou a ler sua própria experiência —, com algumas lentes confucionistas — na aceitação do contraditório permanente, sem superação. E mais ainda — agora que definiram que vão ter lá um socialismo harmonioso —, procuram "áreas de convergência". Quer dizer, de alguma maneira estão respondendo ao apelo do Kissinger, ou seja: não estão se preparando para conflitar; se a China realmente abrir mão do desejo de hegemonia, não vai se chocar com os Estados Unidos. E são as duas forças grandes que se tem hoje no mundo.

Os EUA sempre tiveram o desejo de hegemonia: o destino manifesto, como dizem. A realidade está limitando essa possibilidade. Eles não têm mais condições de impor sua vontade soberana. A experiência da guerra do Irã e do Iraque, mais o Afeganistão e os problemas econômicos que enfrentam, faz com que os americanos sejam obrigados a mudar um pouco sua visão de criar uma "*pax* americana". Até a invasão do Iraque, a ideia era fazer democracia, na marra. Já agora com a Líbia, o Egito e a Síria estão sendo mais cuidadosos. Nem se meteram no Paquistão.

Então é possível que neste século, se a China e os EUA aprenderem a conviver e abrirem mão da vontade de hegemonia, se abra espaço para a criação de um sistema internacional regrado, que permita a convivência na diversidade. O que, no entanto, não elimina um problema: aqueles valores que são universais, como é que se faz? Qual é o limite de você ter de aceitar um mundo muçulmano? Você não pode aceitar que apedrejar uma mulher porque ela é infiel seja admissível? Como se compõe com isso?

Carlos Melo: Vamos partir do seu raciocínio e buscar algo ainda mais complexo pensando nas empresas, na sociedade, e explorar a sua experiência como presidente da República: como o senhor vê o ritmo do mercado, na sociedade interligada on-line; tudo em tempo real estabelecendo as suas decisões e forçando os tempos da política, que são outros. Há um grande distanciamento, não? Quero aproveitar uma palavra que o senhor deixou escapar, que é anomia. A anomia sempre foi o grande pesadelo de nós, sociólogos...

FHC: O contrário da regra.

Carlos Melo: Exatamente. Como nessa diversidade toda se dá unidade a esses ritmos tão diversos entre empresa, sociedade, Estados e a política?

FHC: Aí o problema mais sério é o da representação mesmo. O Executivo consegue mais rapidamente se ajustar ao ritmo on-line. Basta olhar para o que aconteceu no

Brasil, não precisa ir muito longe. O governo no Brasil se modernizou muito, muito mais que os partidos, muito mais que o Congresso. Isso deu ao Executivo prevalência muito grande sobre os demais Poderes e acelerou a crise de representatividade, pois o Congresso ficou menos palco de decisões e passou a ser visto como um balcão de negociação. O governo incentivou isso, e o Executivo passou a ajustar seu passo muito mais diante do ritmo ditado pelas empresas. Ou fazia isso ou capotava.

Em alguns países foi possível o Estado, digamos assim, os executivos dos Estados, se ajustarem mais a esse ritmo. Onde ficou mais difícil foi no Congresso, e sempre será mais difícil, pois lá o tempo é outro mesmo. O que provavelmente vai significar que necessitaremos de medidas que vão passar pelo Congresso, e medidas que não dependerão de anuência legislativa imediata, pois precisam de rapidez para poder responder à demanda da sociedade. Um exemplo: Medida Provisória. O governo brasileiro, não é de hoje, funciona porque tem a MP. O que era um procedimento que dependia de uma avaliação parlamentar, sobre a urgência e a relevância, nunca foi bem observado. Está na Constituição, está na lei, mas o Congresso não costuma barrar Medida Provisória, como poderia fazer. Houve uma acomodação. O próprio Congresso percebeu que a Medida Provisória era uma maneira rápida de resolver questões e então se acomodou a isso. Mas, com uma condição: se é assim, vou enxertar nessa MP o que eu quero também. E é assim que funciona, o que infelizmente aumenta o descrédito na representação.

O fato de os Executivos se ajustarem mais rapidamente à dinâmica dos mercados é compreensível do ponto de vista da lógica do Executivo, sua necessidade disso. Mas na lógica da política isso complica muito, pois leva à deslegitimação do Congresso. Essa é a crise de representatividade que nós temos. Quando isso não ocorre, como nos EUA — onde o Congresso mantém muito mais a sua capacidade de poder —, paralisa o processo. O presidente americano tem muito menos poder que o presidente brasileiro. Uma vez eu conversei com o Clinton sobre isso: ele se queixava que tinha uma maioria agressiva contra ele. Eu disse: no meu caso, é diferente, eu tenho uma maioria desorganizada a meu favor!

É o caso da Dilma, que tem uma maioria desorganizada, mas nem sei se opera a favor. Isso faz com que, realmente, o Executivo tenha um poder muito grande nas democracias modernas. O que complica a força dos partidos. Nos EUA, eles não conseguem, pois os dois partidos são fortes: o Congresso tem força, paralisa o Executivo. Coisas que aqui o governo faria sem pestanejar, o Obama não pode fazer, pois o Congresso está ali como uma barreira. Voltamos ao problema: não vai ser possível manter a forma tradicional de democracia representativa. Agora, quando reconhecemos isso, é preciso também tomar cuidado, porque senão você pode reproduzir um [Hugo] Chávez. Não tem jeito. Vai ser necessário negociar qual tipo de decisão, de fato, depende da anuência do Congresso, o qual depende da anuência direta do povo ou de uma forma de reação direta. Ou que tipo de decisão fica na mão do Executivo. Nesse momento, há essa embrulhada, como nesse episódio da reforma política, um exemplo bem claro disso.

As ruas estavam querendo qualidade de vida, não estavam nem aí para o problema de renda, era qualidade de vida, pois o transporte aqui é ruim para todos: o rico vai de automóvel irritado, o pobre vai de metrô irritado, estão todos irritados. Estão irritados de formas diferentes, mas estão. A Dilma percebeu isso e disse "vamos aproveitar essa irritação e fazer a reforma política; vamos fazer plebiscito, Constituinte", e sabe-se lá mais o quê... O fato é que chamou para ela o problema. Não se conseguiu fazer, mas ela tinha um pouco de razão nessa história: "quem sabe vamos usar essa força para melhorar as instituições." Mas o Congresso enterrou o assunto. Há um problema que está aí, e eu acho que ela chegou perto — ela ou quem seja: vislumbrou que na sociedade contemporânea para mudar certas coisas você precisa da voz direta do povo. Como é que se faz isso? Como é que vamos fazer isso e não fazer um *plesbicitarismo*, um *italianismo*, uma coisa que no fundo é não democrática? A Suíça tem soluções, mas a Suíça é pequenininha. Ela tem soluções diretas, os EUA também, em alguns estados. Enfim, esse mesmo problema existe no plano global. E até que ponto esse plano global será uma união de Estados ou vai permitir também que haja uma deliberação que passe pela sociedade global? Difícil saber.

Eu fiz um relatório a pedido do Kofi Annan (então secretário-geral da ONU), logo que deixei o governo; levei um ano para fazê-lo, porque as ONGs mundiais reclamavam — e reclamam — que a Assembleia da ONU é composta por Estados. A ONU é uma associação de Estados. A ação das Nações Unidas, entretanto, não se dá através dos Estados somente, muito menos principalmente. Ocorre através da mobilização da sociedade: as conferências de mulheres, as conferências sobre racismo, as conferências do meio ambiente, por aí. Isso funciona porque a sociedade toda se move. Mas, quando chega a hora de tomar decisão na ONU, essas conferências e esses grupos não têm voz alguma; só quem tem voz são os Estados. Qual é a *rationale* que a ONU tem para isso: "olha, aqui os Estados têm a representatividade legítima." Só que alguns deles são ditaduras, com a mesma representatividade de todos, num sistema que cerceia as ONGs, que são de outra natureza. Como compatibilizar isso? Eu fiz uma proposta, uma coisinha apenas foi aprovada, para permitir que a sociedade global pudesse ter alguma vez e voz.

É a mesma questão que coloco aqui nesse momento: essa rua que está aí gritando, como ela vai, com a ação do seu grito, se efetivar na decisão? Como é que você, no processo de deliberação, vai incluir mais gente, embora o processo final de decisão seja pela via representativa? Não está claro, esse é o problema. Por isso que digo que se pode levar um século, tanto em nível local quanto em nível geral, para se chegar a uma solução. Não tem como escapar do fato de que nós ainda estamos sob a égide do século XVIII, do século XIX. O mundo atual precisa de formulações mais complexas em torno de tudo que é novo: da tecnologia, da integração econômica, do fato de que hoje não há só empresas, há entidades da sociedade civil, globais; Greenpeace, por exemplo, as religiões, todas essas esferas de confusão.

Moisés Marques: Presidente, aproveitando essa questão, gostaria de pegar outra faceta. Quando uma revista como a *The Economist*, num certo momento, incensa o Brasil em suas manchetes — *Brazil takes off* — e, depois, solta uma capa dizendo que os Brics estão na lama, o senhor não acha que há outra versão, um pouco do triunfalismo dos anos 1990? Que não se olha para a questão democrática

nos Brics, para a questão da infraestrutura, para a questão da mulher... Há um triunfalismo porque o mercado acha que é isso e pronto.

FHC: Não há dúvida de que o predomínio do mercado financeiro passou a ser muito grande e que ele faz apostas. E erra também. No caso do Brics, é um bom exemplo: o termo Brics foi uma invenção do Goldman Sachs. Eu era presidente na época, em 1999, e "inventaram" esse negócio de Brics. O que têm em comum Brasil, Rússia, Índia, China e agora África do Sul? Estão crescendo economicamente, mas agora pararam de crescer; o que eles têm em comum? É uma invenção e também, como é da natureza do mercado financeiro, é uma espécie de cassino, pois a especulação é parte inerente do processo de acumulação de capital. E isso é outra coisa que é difícil de entender, precisa ler Marx para entender, porque a especulação é necessária, ela é um alerta. Quando se exagera, dá besteira. Como eles têm esse caráter especulativo, fazem apostas. Quando a coisa vai na subida, todo mundo aposta: é comprador; depois, vendedor. Está acontecendo isso com o Brics, neste momento. Agora, o mercado é vendedor de Brics; Brics não serve mais, ou pelo menos alguns do Brics. Provavelmente erraram dos dois lados, foram apostas exageradas e distorcidas dos dois lados.

Em um momento parecia que o Brasil entrou para o primeiro mundo porque a economia cresceu, pouco, aliás. Uma das coisas interessantes do Brasil é que a economia só raramente cresce para valer. E melhorou muito em outros aspectos: melhorou na democracia, melhorou na condição social, que é tão importante ou mais que o crescimento da curva do PIB. Há uma ilusão de que "entramos no primeiro mundo" e, de repente, saímos do primeiro mundo. Na verdade, nem uma coisa nem outra aconteceu. Nós nunca chegamos a ser primeiro mundo, seguindo o sentido mais denso da palavra. Qual é a densidade da palavra? Trata-se de igualdade, democracia; o que chamo de sociedade decente.

Por que essa rua está gritando? Ela grita porque não tem segurança, acesso à saúde, acesso à educação boa. É isso. Recentemente, estava na França e liguei o televisor: estava o Obama discursando numa cidade qualquer dos EUA, vítima de desindustrialização. O discurso de Obama poderia ter sido feito no Brasil para o Brasil, porque os problemas eram semelhantes. Nós temos que criar empregos. Contudo, emprego não é só aumentar a renda; significa dignidade, expectativa de uma vida melhor para você e seus filhos. Para isso, se busca criar empregos bons. De modo que falta muito para termos uma sociedade realmente aceitável. Liberdade nós temos; direitos abundam. Mas nem sempre são cumpridos, e a noção de igualdade é nenhuma; nem perante a lei. Ainda falta isso. Falta ainda muito caminhar. Acho que as ruas estão sinalizando isso, sem saber talvez.

Deixem-me fazer um parêntese: eu era professor em Nanterre, França, quando eclodiu o movimento de maio de 1968. Aquilo me impressionou muito: eu havia saído do Chile e lá só se falava no imperialismo, em Cuba, na classe operária... Em Nanterre, ninguém falava disso, ninguém. O que eles queriam era o "é proibido proibir", a reivindicação concreta era liberação sexual dos estudantes e coisas do gênero. Agora, quando começou a haver movimentação, eles foram para a rua e cantavam a *Internacional Comunista,* andavam de bandeira preta anarquista, porque não possuíam outros símbolos para expressar o que realmente queriam. Eles queriam a liberdade pessoal, dignidade, decência. Mas os símbolos ainda eram do passado. Cantando a *Internacional,* diziam: "de pé famélicos da Terra". Mas ali não havia nenhum famélico! Aquilo me chamou muito a atenção. Agora, aqui, os que estão nas ruas também gritam. Mas não têm ainda muito claro o que querem. Só sabem que não está bem.

Aldo Fornazieri: Presidente, o senhor falou que falta aqui no Brasil uma noção de igualdade. Tocqueville assimila democracia à igualdade; e parece que no século XX nós identificamos a democracia mais com a liberdade. Não se perdeu um pouco o conceito de democracia nessa história toda?

FHC: A partir da Revolução Francesa, era liberdade, igualdade e fraternidade. De fato se perdeu o sentido da igualdade, sem dúvida alguma. Mas a igualdade foi traduzida no mundo anglo-saxão por *acesso* igual; oportunidades iguais para todos. Não é igualdade no sentido comunista, mas no sentido republicano. É isso que estão querendo. As pessoas estão querendo igualdade, não é liberdade, porque liberdade têm. O que está faltando aqui é mais igualdade, então acho que [Alexis de] Tocqueville tinha razão — e ele não gostava muito disso não, ele tinha certas preocupações com as consequências de uma sociedade aristocrata igualitária. Aliás, uma das coisas mais interessantes dele é um livrinho chamado *Lembranças de 1848*, em que ele lê Marx, do *Dezoito Brumário*; é fantástico!

Carlos Muanis: O senhor acredita que o tema central da esquerda contemporânea, portanto, é a questão da justiça,

que tem a ver com o valor da igualdade. Basta ver uma expressão que o senhor usou: a resposta para a crise que se aprofundou em 2008 tem sido "injusta", na medida em que os ricos se safam e os pobres continuam pagando a conta.

FHC: É isso aí. Foi a tônica do *Occupy Wall Street*. Acho que o tema contemporâneo para aprofundar a democracia é voltar à ideia de igualdade. Fraternidade é mais religiosa, de qualquer maneira tem a ver também.

Carlos Muanis: Essa questão indica uma crise de valores... Quer dizer, como se resgata essa igualdade, a fraternidade, a liberdade num mundo de consumismo? O que não é novidade, uma vez que o Weber de *A ética protestante...* já apontava para isso lá em 1904. Mas, como estabelecer esses princípios norteadores em uma democracia em que a fixação do consumo é tão forte?

FHC: São contraditórios. Por isso que há esse *malese*, esse mal-estar. É preciso tomar cuidado. Eu reli recentemente o livro do [José Guilherme] Merquior, sobre o marxismo ocidental. A partir dessa crítica, pode-se facilmente criticar o consumo e, por decorrência, o mundo moderno. Não sou crítico do mundo moderno. Nós estamos melhor. Mas eu acho, sim, que tem de haver uma crítica do consumismo, uma posição que vem pelo lado da ecologia e leva uma pessoa como André Lara Resende, que é a fina flor do pensamento econômico e do capitalismo financeiro competente, a perceber isso: "olha, cuidado hein, por aí não vai mais." Eu acho que a força que tem a Marina [Silva] não vem só da ecologia. É também uma volta à simplicidade. É curioso e sociologicamente interessante: o Lula é oposto disso! Ele expressa um momento anterior; retrata justamente a reivindicação do consumo: "eu também quero o que você tem."

Carlos Melo: ... *A classe operária vai ao paraíso...*

FHC: Ele foi ao paraíso; a classe operária, bem, não sei direito... (risos). Mas é isso, é igual ao paraíso. Só que ao chegar lá se percebe que esse paraíso também não é bom. Estamos nessa fase. Sem dúvida alguma, haverá uma crítica ao consumismo. E que também tem a ver com a desigualdade; é impossível generalizar o consumo dos ricos para o mundo. É de tal maneira extravagante que é impossível. O padrão brasileiro da classe alta, da classe média alta, é impossível sustentar esse padrão de consumo no mundo todo. Você vê uma pequena modificação aqui, como essa lei das empregadas domésticas, que, se for para valer, vai alterar bastante o modo de vida da classe média, porque vai ter de diminuir o tamanho das casas, uma porção de mudanças.

Carlos Melo: Quero retomar um tema que é da sua predileção: Gilberto Freyre e as nossas tradições escravocratas e tudo o mais... Parece que essa classe média ainda vive nesse padrão.

FHC: Vive sim. O modo como essas camadas vivem no Brasil ainda guarda a cultura da servidão. Não é assim nos EUA, não é assim na Inglaterra, não é assim na Rússia, não é assim na China. Isso pode ser assim na Argentina, talvez, nem no Chile, no Peru, país que tem uma tradição de serviçais com salário baixo. No fundo, se aproveitam do salário baixo, coisa que com o tempo vai mudar.

Moisés Marques: Presidente, aproveitando isso, que reflexão o senhor faria 20 anos depois da URV e do real? E aproveitando sobre o seu livro *Pensadores que inventaram o Brasil* — que acabei de ler. Em relação ao Sérgio Buarque de Holanda, o senhor diz que ele opõe o personalismo a uma possível racionalidade da vida pública. Estamos caminhando no sentido da racionalidade da vida pública ou não?

FHC: Acho que sim. Quer dizer, contudo, sim. Era muito pior no passado.

Carlos Melo: ... quando a referência de Sérgio Buarque é 1936, 1948 (anos em que *Raízes do Brasil* foi escrito e reescrito)...

FHC: Exatamente. Não há dúvida de que caminhamos, sim, nessa direção. Eu gosto muito do livro do Sérgio, do pensamento dele. De todos aqueles que eu mencionei nesse livro, Sérgio é o mais democrático. Ele, claramente, não aposta em Estado forte, mas sim na consciência de direitos iguais. É curioso. Ele faz um Marx abrandado: a revolução virá de baixo, porque, à medida que os de baixo sobem, vão generalizar mais a regra. Não sei se isso será bem assim.

Carlos Melo: Com "O homem cordial" é mais difícil...

FHC: Sim, ele é contra o "homem cordial", no livro. O "homem cordial" não pode; é a síntese negativa. É o oposto, mas ele fez a crítica ao "homem cordial".

Carlos Melo: E com o "homem cordial" essa perspectiva de "a nossa revolução, dos novos tempos"... se enfraquece; desaparece...

FHC: Agora, aqui é tão forte essa ideologia, no "homem cordial", que mesmo os que vêm de baixo aderem a ela. Assim os mais pobres podem ser ganhos pela ideologia predominante. É impressionante como ela é capaz de aceitar tudo, em nome de seu bem-estar, da riqueza.

Aldo Fornazieri: Mas será que não há um problema de formação política do Brasil e dos políticos? Parece-me que aqui a cultura do republicanismo, os valores do republicanismo que dizem respeito à simplicidade, à frugalidade, à ideia do bem público como uma coisa efetivamente pública... não estão imbricados nisso?

FHC: Ela é muito tênue no Brasil, essa cultura. Sabe onde ela foi mais forte? No positivismo. Contraditoriamente, era autocrático, mas simples. Tinha esses valores da virtude, da coisa mais comum. Não por acaso no Rio Grande do Sul foi onde teve mais peso. Junto com a ideia *comtiana* do autocrata. Mas o autocrata que ele mesmo é o *uomo qualunque*. O Borges de Medeiros, o Júlio de Castilhos viviam tudo. O próprio Getúlio [Vargas]. Junto com o que foi dito sobre consumo: resgatar um pouco a simplicidade é importante. Tem a ver com a democracia. O que é tão forte em Cuba. Por que Cuba tem uma capacidade até hoje de ser símbolo? Porque Cuba não criou uma *Nomenklatura*. O Fidel tem o poder unipessoal da ilha, diz que é coletivo também, mas não criou uma *Nomenklatura*. Não tem essa exibição de bem-estar de alguns e pobreza de outros. Na União Soviética tinha tudo isso, totalmente. Mas Cuba não, chama a atenção esse modo espartano de Cuba.

Carlos Melo: Isso remete ao presidente do Uruguai, [José] Mujica...

FHC: Sim, é a mesma coisa. Aliás, esse [Mujica] é um tipo extraordinário! Eu estive em Cuba algumas vezes; com o Fidel, inclusive, e recebi vários ministros cubanos aqui e lá. Você percebe que Cuba não tem *Nomenklatura*, o cara é normal, vai te ver sozinho, vai de bicicleta, não tem o aparato. Isso tem sua força simbólica. É muito contra o espírito da nossa civilização americana.

Carlos Muanis: Vamos fechar o ciclo aqui... São duas questões: a URV, seu significado. E, depois, a respeito do "presidencialismo de coalizão". Creio que há o "presidencialismo de coalizão no primeiro mandato" e o "presidencialismo de coalizão no segundo mandato"; e o presidencialismo de coalizão quando você já tem o primeiro, o segundo e a sucessão. Quer dizer, o quanto isso...

FHC:... vai deixando de ser presidencialismo de coalizão. Foi o Sérgio Abranches que colocou esse nome. O fato é que o partido que elege o presidente não faz a maioria. O presidente para governar precisa de maioria, então tem que fazer uma negociação. No meu caso, eu tinha noção disso, devido à experiência de implantação da URV (depois eu volto ao tema). Então, eu forcei, por exemplo, a adesão do PMDB ao governo. Antes disso, houve uma discussão grande, porque a partir de certa altura era óbvio que eu podia ganhar a eleição sem alianças, sozinho com o PSDB. As pesquisas mostravam que o Lula estava na frente, mas o potencial de crescimento era grande e o potencial era pessoal, não era do partido. Aí, tivemos uma discussão grande no PSDB, com o [Mário] Covas, o [José] Richa, o [Franco] Montoro, o [José] Serra: o PFL queria fazer aliança, e eu dizia: "Só faço se vocês todos estiverem de acordo, senão não vai funcionar. Agora, se não fizer tem o seguinte: eu posso ganhar, mas eu não governo. E a questão é governar. É melhor fazer um acordo antes da eleição do que depois."

Quando eu ganhei, eu tinha apoio do PSDB, do PFL e do PTB. Ainda assim, eu precisava de três quintos, porque tinha que fazer reformas constitucionais. De modo que eu precisava do PMDB. Fui líder do PMDB, tinha formado o PMDB, então tinha facilidade de conversa. O líder de então era o Luís Henrique, que é meu amigo até hoje. Combinamos com ele: vamos fazer um acordo programático. E eu indiquei os ministros do PMDB. Um era o [Nelson] Jobim, que tinha trabalhado comigo como adjunto na Constituinte; o outro, o Odacir Klein, dos Transportes, pois o Odacir era um sujeito muito correto, e nos Transportes é uma coisa complicada. Então eu nomeei os ministros, assim como eu nomeei o do PFL, com uma exceção: o Antonio Carlos [Magalhães] indicou o ministro de Minas e Energia. Só que o Antonio Carlos tinha uma característica diferente dos demais caudilhos do tipo dele: ele olhava para a qualidade, por isso ele fez a Bahia dar um salto. E indicou bons ministros, como o Raimundo Brito. Os outros foram nomeados por mim. Eram do partido, mas nomeados por mim com o objetivo de cumprir um certo programa. E isso foi indo assim.

No segundo mandato, eu estava mais fraco. A minha capacidade de negociar com os partidos diminuiu. Ainda assim, se mantinha a ideia de que eles estavam lá porque eu precisava fazer reformas, tinha que ter os 308 votos, e a agenda era comandada por nós. Eu tinha uma agenda. Ninguém queria a reforma de nada; pouquíssimas pessoas queriam qualquer reforma, muito menos da Previdência.

Com o tempo houve uma coisa que eu não entendi bem no governo Lula, mas que está bem clara agora. Tem um livro chamado *Dirceu — A biografia*, que foi publicado agora e que vale a pena ler, é um relato objetivo. O PT teve o mesmo problema, ele não tinha maioria para governar e precisava ter. Só que o Lula não aceitou a proposta do Dirceu, que era fazer a maioria com o PMDB, fazer um acordo de partidos. Quando se faz acordo de partido, você cede o poder. Mas eles preferiram dar dinheiro e não ceder poder. Foram lá e compraram os partidos pequenos, fizeram o chamado "mensalão". A partir daí, a coalizão passou a ser uma coisa muito mais complicada, pois não tinha o objetivo claro; o que se pretende fazer no governo? Não havia agenda. E o mecanismo no qual se fez aliança foi o dinheiro. Ou dinheiro, como tal, ou aceitação implícita de que é dono daquele ministério e vai fazer com ele o que quiser.

Pouco a pouco isso foi sendo desfigurado: hoje, não há coalizão de nada, você tem governo e oposição, são os dois blocos que se tem no governo. E o governo é cimentado enquanto o prestígio do presidente da República garante uma perspectiva de reeleição. A Dilma está em perigo agora, pois não garante essa perspectiva, e é possível que eles a troquem e ponham o Lula para garantir a vitória. Se não fizer isso, daqui por diante não tem coalizão nenhuma. É uma experiência pobre essa nossa, porque por trás disso tem o fato que os partidos não são fortes, o sistema eleitoral não ajuda, e quem se elege são as pessoas. Dizem "quem ganhou a eleição fui eu, noutra foi o Lula". Quem ganhou a eleição da Dilma foi o Lula, que está indo outra vez! Não foram os partidos. O partido ajuda, são necessários, mas no fundo aqui a coisa é ainda muito pessoal. A força institucional é pequena.

Carlos Melo: No caso da Dilma, especificamente, não tem também um pouco desse processo que o senhor identificou na Europa: depois de lideranças políticas, a liderança tecnocrática completamente desprovida de política?

FHC: No caso dela tem isso. O Collor foi assim também. Ele caiu não porque tenha roubado, embora pudesse tê-lo, mas porque ele foi incompetente politicamente. Quando os presidentes não entendem a força dos Congressos é um perigo. O Jânio fez isso, o Collor fez isso, e me parece que a Dilma está indo nesse rumo agora.

Carlos Melo: Escrevi um livro sobre o Collor que conta exatamente isso...

FHC: Eu conheci o Collor, ele era deputado quando eu era senador. Eu e o Covas fomos para Alagoas fazer a campanha dele para governador, o Collor era liderança jovem. É curioso, pois ele é filho do senador Arnon de Mello, neto do Lindolfo Collor... deveria ter um pouco mais de noção histórica. E quando há essa noção, sabe-se que o jogo é complexo: o presidente tem um enorme poder, mas precisa de cuidado. Porque o Congresso pode atrapalhar muito. O Lula entendeu isso.

Carlos Melo: Eu tendo a acreditar que o senhor e o presidente Lula aprenderam muito com o Collor.

FHC: Talvez tenhamos aprendido mais com a tragédia dele. Mas o Lula tem outro lado: líder sindical, ele negocia. Ele não é tecnocrata, eu também não sou. O problema é que o Collor não era tecnocrata, era aristocrata. A Dilma é tecnocrata, ela não percebe ao certo a natureza do jogo político. Ela corre um perigo enorme, nós todos corremos. O Lula equilibra um pouco, mas ela não tem noção do risco que corre ao acreditar que "faz e acontece". Dilma não faz nem acontece, não. O jogo é muito mais refinado e complicado que isso.

Carlos Melo: Sem nenhuma articulação com a sociedade, não é?

FHC: Nenhuma. Em um país como o nosso, o presidente é uma função delicada, porque tem de ser ao mesmo tempo chefe de Estado e de governo, o que já não é brincadeira. É muito pesado. Depois, você é chefe de partidos, no plural. O presidente da República comanda vários partidos por causa dessa coalizão. Ademais, a sociedade pesa. É um trabalho muito espinhoso; tem que atuar nesses vários níveis. Se não o fizer, se isola, e ao se isolar perde-se o comando. A Dilma está nessa posição de isolamento: ela não tem o gosto da conversa, de entender o outro, de aceitar, de compor. Numa ditadura é diferente, você tem o Exército por trás. Na democracia, vai fazer o quê? Eu acho uma situação delicada.

Moisés Marques: A URV, 20 anos depois, um pequeno balanço...

FHC: Naquele livro que escrevi em inglês, *The Accidental President of Brazil*, o "*accidental*" não é por acaso. Foi verdade. Não havia por que eu ser presidente, nem me preparei para tanto. Preparado pode ser que sim, mas eu não queria naquele momento, custei muito a aceitar a ideia da candidatura. Nós tentamos tudo para ver se alguém assumia. Quando vi que ninguém se dispunha, fiquei preocupado. Pensei: "O Itamar [Franco] não vai apoiar ninguém e o Lula vai ganhar, e não vai ter URV nenhuma, não vai ter real nenhum." Então, topei ser candidato naquele momento. Mas não foi apenas isso: só foi possível fazer a URV efetivamente, reorganizar a vida das finanças públicas brasileiras, porque o governo estava num momento de crise, com o Congresso meio perdido por causa do escândalo dos "anões do orçamento" e a sociedade exasperada com a inflação crescente.

A minha discussão com os economistas que levei para lá é que eles queriam, como precondição, que eu mandasse no governo inteiro: que eu controlasse o Ministério do Planejamento, o Banco do Brasil, a Caixa Econômica, o Banco Central. Eu disse: "Calma, pessoal, eu não sou o presidente da República, quem controla é o Itamar. Se formos por aí nós não faremos nada; nós vamos ter que compor." Minha tese era essa, e falei: "Cada uma das instituições está apontando para um lado, o Congresso para lado algum, então se a gente estiver com condição técnica e política de apresentar um caminho, dá pra sair o real." Era essa a discussão.

Qual foi o meu papel, naquela época? Foi basicamente político. Eu não sou economista, embora eu tenha leitura em economia, e entenda mais ou menos o que eles explicavam. O que eu fazia era explicar ao presidente da República; enfrentar os ministros, o Congresso, sempre procurando convencer. E falar com o país, explicar com honestidade o que iria acontecer. Foi a primeira vez que nós fizemos uma programação financeira — um plano de estabilização — não secreta e era dada ao cidadão a possibilidade de escolher: "Você quer o contrato na moeda corrente ou na URV?"

Em dois meses, todo mundo passou para a URV, pois perceberam que havia uma vantagem concreta. É óbvio que o trabalho que permitiu isso estava por detrás: a renegociação da dívida externa, a renegociação da dívida dos estados, a reorganização do sistema financeiro, segurar o orçamento. Mas, além disso, resolver um problema psicológico: mostrar ao país que a inflação não era uma "lei natural". Normalmente, se faz isso, um choque, com o dólar. Nós, porém, inovamos. A URV foi uma maneira de não usar o dólar. E não usar por quê? Porque o dólar tira a liberdade da taxa de câmbio. Embora no começo a URV tenha ficado perto, e erradamente até acima do dólar, ela tinha mobilidade. Se fosse o dólar você ficaria amarrado. Assim, nós conseguimos ganhar a opinião pública e, consequentemente, o Congresso. Ganhou a opinião pública, ganha o Congresso.

Moisés Marques: Então, presidente, na época eu e a Lourdes [Sola] escrevemos alguns textos que diziam que a estabilidade monetária ganhou um status de bem público. O senhor acredita que 20 anos depois a estabilidade ainda

tenha o status de bem público? Se a inflação voltasse a um nível mais alto, isso seria um problema?

FHC: Eu acho que sim. Você vê que toda hora o Lula, a Dilma, o Guido [Mantega] juram que a inflação está sob controle e tudo o mais. O povo aprendeu que a inflação corrói o seu bolso, diretamente. Há um grande receio em relação a isso. Ainda assim, houve um aumento de inflação maior do que se supõe. O custo de vida cresceu muito no Brasil. Eu estava em Portugal nesses últimos dias, fui a um restaurante caríssimo. Caríssimo não, um ótimo restaurante em Portugal. Fui pagar a conta e fiquei surpreendido: era barato, comparado ao nosso preço. Agora, cheguei ao Brasil e não tinha empregada em casa, fui jantar fora. Éramos duas pessoas, e o jantar custou R$ 150,00. Ora, um prato de massa para cada um, um café e uma água! Não dá. Realmente, isso a população sente. E o governo sabe o que isso significa.

Carlos Melo: Presidente, quero enveredar pelo futuro das ciências sociais. Até porque o senhor é responsável por alguns de nós termos nos encaminhado pelas ciências sociais. São perguntas que vou fazer em uma tacada: vivemos uma crise das ciências sociais, também, junto com todas essas crises que já apontamos, a política, conceitos, a ideia de revolução, reforma, consciência histórica, essas questões todas... Existe alguma coisa nova nas ciências sociais?

Moisés Marques: ... E só aproveitando, o senhor fala em um de seus livros: "Os jovens alunos do Florestan Fernandes queriam mais ser socialistas que sociólogos." O que um jovem vai procurar nas ciências sociais hoje?

FHC: Vamos lá. As ciências sociais nasceram para explicar o funcionamento da sociedade industrial, o povo, as classes, basicamente isso. Foi uma tentativa de reflexão sobre o mundo capitalista, após a industrialização. Urbanização e industrialização. E, portanto, houve os grandes fundadores que misturaram alguns desses assuntos, interessados nesses grandes temas: [Karl] Marx, desde logo. Mas também [Émile] Durkheim, na divisão social do trabalho, ou o [Max] Weber. Nesse sentido, eles eram macro, estavam procurando descrever grandes processos. Hoje você tem algum historiador que pensa assim — [Eric] Hobsbawm, por exemplo, ainda pensa em termos de grandes tempos históricos. Mas, nas ciências sociais em geral, o foco fechou, a especialização aumentou. Ganhou-se no conhecimento em profundidade de uma dada situação, sem a mesma ambição de ser uma explicação global, do todo. Perdeu-se essa possibilidade.

Carlos Muanis: Isso as empobreceu, presidente?

FHC: De um certo ponto de vista, sim. Porque a presença do sociólogo como intelectual público diminuiu muito, nesse sentido. Por outro lado, como a sociedade mudou muito também, já não temos que explicar a sociedade industrial, mas a sociedade pós-industrial, de serviço e tal, e houve extensão dos conhecimentos sociais para outras áreas; ocorreu a revalorização de algumas disciplinas antigas, por exemplo, a antropologia, que passou novamente a ser uma ciência relevante para a explicação do sentido das culturas, das subculturas, dos grupos etc. Tudo o que diz respeito à comunicação social, à psicossociologia, tudo isso voltou a ter certa importância. E nós passamos de um momento em que havia uma aspiração de ciência tipo objetiva, inclusive na antropologia — o estruturalismo lévi-straussiano —, para uma tentativa mais fenomenológica e mais de busca de sentido. Talvez Weber tenha sido revalorizado nesse processo. Mas há uma carência, falta até mesmo um pensamento, que tente entender o processo mais global.

Carlos Melo: Nesse sentido, da mesma forma como a política passa por uma crise em virtude de uma outra visão, mais individualista etc., as ciências sociais também não foram, de uma certa forma, canibalizadas por uma visão econômica, matemática, da econometria?

FHC: Ler hoje um livro, uma revista de econometria, ficou difícil, porque a matematização foi terrível. Da mesma forma, ler uma revista de sociologia se tornou coisa para especialista. Isso porque lá se discutem temas que são importantes para segmentos, sem o geral. Talvez haja de novo uma vontade de se buscar uma visão mais abrangente dos processos, e nesse sentido fica uma coisa mais para "ciências sociais" do que para *sociologia* propriamente. É algo mais amplo, que possa dar de novo à economia um sentido macro também. Enfim, eu não tenho uma visão negativa de que a sociologia tenha perdido capacidade explicativa. Não, não. Ela multiplicou muito essa capacidade de se informar sobre as coisas, com rigor, com método etc. Mas talvez tenha chegado um momento de, outra vez, pensar no conjunto. Sem exagerar, sem imaginar que com o [Auguste] Comte ou com o Marx haverá uma filosofia da história, definiremos leis da evolução. Isso eu acho que ficou para trás.

Carlos Melo: Mas a ideia de *imaginação sociológica* do [Charles] Wright Mills, por exemplo?

FHC: Eu acho que vale a pena voltar a ela. É curioso, por exemplo, pegar um grande sociólogo americano, como Talcott Parsons. Quem o lê hoje? Não sei se alguém lê Parsons. E, ao ler, não se entende. Mas você pode pegar o [Robert] Merton e ler. Por que o Merton se entende? Acontece que ele se dedicou ao estudo do processo de criação do Partido Democrata, dos sindicatos, uma análise de processos reais. O que sobra dos clássicos? Sobra muita coisa. Mas, por exemplo, essa ideia de processo é fundamental, e isso vem de Marx. Vem de antes, mas enfim, para a sociologia, vem do Marx. Você tem que entender o desenrolar da história como um processo, não é uma coisa dada, é algo que se está fazendo.

Eu insisto muito, sempre que posso, que para mim, para analisar os grandes processos, existem sempre o histórico e o estrutural. Tem que enxergar como é que, num dado momento da história, se conformam as linhas estruturais, embora você não possa perder de vista que não é ciência natural, pois tudo depende de valores, depende do que se propõe, depende da luta, depende de ação. As estruturas se modificam. Então, tanto do Marx quanto do Weber, sobra isso. E mesmo do Durkheim: quando se for reler *Da divisão do trabalho social*, se perceberá que está se discutindo a mesma coisa que Marx, no fundo, como a sociedade moderna surge. E ela surge em função da especialização, da divisão do trabalho, da mudança da sociedade mecânica para orgânica.

Enfim, estamos tentando entender isso tudo. Como nós estamos aqui tentando, com menos rigor, entender o que está acontecendo com a sociedade hoje, por causa da internet, que tipo de solidariedade se dá, que não é do individualismo possessivo, mas de cada um participar ao seu modo. No fundo, estamos retomando esses sistemas, digamos assim, clássicos. Ver por que via se pode entender o conjunto, e o que está em processo, o que está em formação. É isso que penso. Não posso fazer um julgamento objetivo da produção sociológica, porque não estou acompanhando. Eu vejo que ela se multiplica enormemente. Mas, sinceramente, não sei o que está sendo lecionado nas escolas. A sensação que eu tenho, na área específica de sociologia, especificamente na USP — onde tenho mais conhecimento —, é que não houve perda no sentido empírico de fazer pesquisa, mas houve paralisação do pensamento. Em qual sentido? No sentido de que se ensina que os fundadores da disciplina já explicaram tudo, bastando aplicar. Só que o mundo é outro.

Nosso mundo não é mais o mundo do Marx, não é mais o mundo do Weber. Então, há que se retirar deles o método, isso sim, e ir adiante na formulação. Pegar o Manuel Castells — esse tentou compreender "a sociedade em rede", de alguma maneira, ele fez uma formulação teórica sobre a nova sociedade. Aquilo tem sentido, é importante. O próprio [Alain] Touraine, quando teorizou os movimentos sociais, o movimento feminista, foi algo criativo, que estava lidando com uma temática contemporânea e descrevendo as regras pelas quais se movimenta a nova sociedade.

Como aqui, sobretudo, por conta do marxismo, houve uma recusa de se aceitar o que veio dos Estados Unidos, perdemos muito da formação dos pensadores americanos como forma de entender o funcionamento da sociedade contemporânea. O desfazimento da noção de que você pode reduzir tudo às classes fundamentais, mostrar que há muitas outras formas de hierarquização na sociedade, que são importantes. Na Inglaterra, o [Anthony] Tony Giddens tentou entender o mundo atual. Pode-se discordar dele, ou de qualquer outro, mas ele tentou entender o mundo atual. Na França, eu citei o Touraine porque tenho ligação com ele, mas acho que os franceses ficaram numa situação peculiar por causa do estruturalismo. Na verdade, por duas razões: o [Jean-Paul] Sartre e o Lévi -Strauss. Os dois deram, contraditoriamente no caso do Sartre, uma formalização muito grande a tudo, um certo reducionismo formalista. Aí dá [Pierre] Bourdieu, dá esse tipo de sociologia, que tem lá sua graça, mas não pega o sentido histórico, que não é histórica, enquanto a sociologia classicamente é histórica. E o que nós estamos discutindo aqui o tempo todo é história.

Carlos Muanis: Presidente, em alguns momentos, o senhor tem se referido à necessidade da emergência da humanidade como sujeito. O senhor acha que isso é uma visão utópica do futuro?

FHC: É utópica. No fundo, se você quiser pensar mais pedantemente, é o grande tema do século XVIII, do século XIX. É [Georg Wilhelm Friedrich] Hegel. Marx dizia que a noção de humanidade é ideológica. Segundo ele, o que tem de concreto são as classes, são pessoas situadas. Ela vai ser verdadeira, dizia Marx, quando a classe fundamental, que é a trabalhadora, generalizar a condição de vida de todos. Então, ele tinha restrições à ideia de humanidade, proposta por Hegel.

Bem, por outras razões, acho que houve alguma maneira de integração das sociedades, devido ao fato de que existem questões que transcendem a classe e o Estado, como a ecologia, ou a bomba atômica ou a guerra. E, de novo, se pode colocar a questão dos direitos humanos, que oferece uma fundamentação histórica para a existência e diz respeito à humanidade. Outra vez, vemos valores universais. Com o cuidado de não transformar em valor universal o que é específico da nossa sociedade. Não vamos fazer democracia no Iraque que não vai dar certo.

Vamos ter que pensar em termos mais amplos, mais genéricos. É um pouco utópico, mas se não houver um horizonte utópico não se movem as estruturas. E isso permite justamente fugir do egoísmo do Estado, do egoísmo da classe; justificar a ideia de uma certa igualdade. Se se pensa em humanidade como direito de todos, há que necessariamente estar com a noção de igualdade presente. E pode ter aí uma ética. Porque se não houver um discurso motivacional — e estou falando isso como político, não como sociólogo — prendendo-se ao discurso de valor antigo, as pessoas não se movem. Tem que gritar alguma coisa.

Carlos Melo: Presidente, na nossa conversa com o prefeito Fernando Haddad para este livro, constatamos, claro, que há nuances, mas em alguns momentos, na análise de uma sociedade nova, de movimentos, parece haver um pensamento muito parecido com o seu, sobretudo com o seu livro *A soma e o resto*. Pois bem, ainda há possibilidade de diálogo no Brasil?

FHC: Eu gostaria que houvesse. Com o [Fernando] Haddad há. Eu o conheço pouco, mas sei como ele pensa. No Brasil, a dificuldade que houve nessa matéria tem a ver com eleitoralismo. Por alguma razão, foi um pouco parecido com o que ocorreu com os comunistas e o movimento social-democrata na Alemanha: o inimigo é o social-democrata, não é o nazismo. Um absurdo, mas aqui estamos meio assim. O inimigo não é o atraso, é o PSDB (risos). Por quê? "Porque o PSDB pode ganhar de nós." Essa distorção dificulta o diálogo, impede o diálogo. Tudo vira eleição. Tudo vira luta pelo poder. Não precisaria ser assim.

Eu acho que, não só com o Haddad, dá perfeitamente para conversar com José Eduardo Cardozo, mesmo com alguns radicais como o governador do Rio Grande do Sul, o Tarso [Genro], dá para conversar. E muitos outros. Mas não vai ser política a conversa, porque politicamente tem que definir um inimigo, e o inimigo somos nós, demônios. Numa dessas, eu virei "neoliberal", algo que jamais me passou pela cabeça ser.

Carlos Melo: O senhor acha que o fato de a política, durante esse período todo, ter sido centralizada em São Paulo pesou muito?

FHC: Pesou muito. E também o fato de que duas pessoas marcantes do PT são o Lula e o Zé Dirceu. O Zé Dirceu não é pensador, no sentido intelectual; é um quase *apparatchik*, pragmático de formação bolchevique, tipo cubano. E o Lula, também pragmático, não é bolchevique, ele não discute grandes ideias. Nenhum dos dois tem preocupação de ordem propriamente valorativa, intelectual. Valorativa sim, no sentido de vencer. O que não quer dizer que não façam coisas boas, mas na briga política a visão desses dois não é uma visão de diálogo.

Carlos Melo: Para o diálogo, é preciso não desqualificar o interlocutor, não é?

FHC: É isso. Aceitar o outro, ouvir o outro. É difícil, mas é fundamental na política você entender o ponto de vista do seu interlocutor. E outra coisa: o político não pode ficar julgando o tempo todo. O que o papa disse recentemente sobre o homossexual: "quem sou eu para julgar?" O político tem que estar sempre aberto a isso. Eu não posso julgar o tempo todo. Posso imaginar que o sujeito seja um safado, mas pode ter outras dimensões. E, se ficar separando em "bons e maus", torna-se religioso. É preciso ganhar o outro, sem julgar, há que se atrair o oponente. E isso requer uma certa humildade, aceitar o argumento diferente do seu. Ser tolerante e generoso. Não é para qualquer um.

Parte 2

Fernando Haddad

Estado-concessão ou Estado-comunitário?

Apresentação de Carlos Muanis

A entrevista com o prefeito Fernando Haddad foi realizada no calor das manifestações de junho de 2013 e revisada por ele em janeiro de 2014. Sentíamos ainda o barulho das ruas. Com apenas seis meses de mandato, o prefeito de São Paulo refletia acerca dos significados das manifestações que romperam a normalidade política, escancarando novas questões e novas perguntas. Como responder a demandas urgentes de curto prazo, postas pelos protestos, e refletir soluções de longo prazo impostas pelos problemas e desafios da cidade de São Paulo?

Esse paradoxo se definiu como pano de fundo da entrevista. Deparamo-nos com um prefeito na boca do vulcão, um educador, um intelectual experiente, pensando o amanhã da cidade, com a necessidade de dar-lhe um hoje.

A entrevista evidencia os caminhos íngremes que os políticos sérios e comprometidos com as mudanças enfrentam no Brasil. No centro da argumentação de Haddad está a ideia de que as transformações no país, rumo a uma ordem social mais justa e igualitária, sofrem um duplo constrangimento. Ele vislumbra essa ordem social mais justa e igualitária como resultado do alargamento da dimensão comunitária do Estado.

De um lado, a dimensão comunitária sofre o constrangimento da determinação capitalista do Estado, orientada para a reprodução das condições materiais do capital. Em toda ordem capitalista, essa determinação é predominante. Mas, de outro, e esta é uma especificidade do Estado brasileiro, a dimensão comunitária é constrangida por uma sobredeterminação do patrimonialismo moderno, que se expressa na ideia de um Estado-concessão.

No patrimonialismo tradicional, explicitado por Raymundo Faoro em *Os donos do poder*, a propriedade individual era concedida pelo Estado e o estamento dominava os cargos do Estado como se fossem propriedade particular. No Estado-concessão, o Estado funciona como uma agência capturada, no interior da qual operam várias subagências, igualmente capturadas por interesses fragmentados. A atividade econômica no país depende, em larga medida, do controle que se estabelece sobre a agência geral (o Estado) e sobre as subagências.

Esses controles, nos diz Haddad, se erguem como duras barreiras contra o desenvolvimento do Estado-comunitário, orientado para a realização de políticas sociais universalizantes. Dessa forma, fazer avançar o processo civilizatório no Brasil e seu desenvolvimento social e econômico depende da capacidade de produzir rachaduras nessas barreiras ou na criação de conjunções excepcionais, como foi o caso do governo Lula.

Fernando Haddad sustenta que os desafios e réplicas que as mudanças enfrentam no plano federal se reproduzem de forma concentrada em São Paulo. Trata-se de uma cidade paradoxal: síntese e concentração dos problemas e desafios do Brasil, mas carrega também sua potência transformadora. Pela sua importância política e econômica, ela se constitui numa espécie de laboratório do que pode ser projetado para o país. Haddad expressa plena consciência de que é preciso inovar em termos de políticas públicas.

Mesmo no calor do momento, ele nos recebeu gentilmente em seu apartamento, e nos transmitiu uma serenidade impressionante e um sentido claro das suas responsabilidades ao reafirmar seus compromissos políticos.

A entrevista:

Carlos Melo: Para iniciarmos, gostaria que desenvolvesse uma reflexão sobre política e a ação política real.

FERNANDO HADDAD: O que, nas circunstâncias brasileiras, salta à vista é a enorme defasagem existente entre o atual sistema político, tal qual foi concebido, e o potencial transformador que a sociedade dele exige. Ou seja, o descompasso entre os anseios da sociedade e a capacidade de resposta do sistema político tal como foi desenhado, tal como funciona, e que acredito está na raiz dos problemas atuais que enfrentamos.

O paradoxo tem a ver justamente com o fato de que o sistema político se beneficia dessa defasagem enquanto objeto aparentemente autorreferente e demonstra, por isso mesmo, grande incapacidade de se autorreformar. Razão pela qual sempre que há uma exposição dessa fratura, volta à cena o debate sobre plebiscito, referendo ou constituinte, exclusiva ou não. E sempre vem à tona porque se tem a compreensão, isso desde os tempos do FHC, passando por Lula e agora com Dilma, de que o sistema é incapaz de se autocorrigir.

Carlos Melo: A frase é do Ulysses Guimarães: "A reforma política é a mãe de todas as reformas." Ou seja, lá eles já apontavam que havia uma necessidade de reformar o próprio sistema político. Agora, saindo do concreto, do

cotidiano, do seu dia a dia, qual a sua concepção de política, o que é política idealmente?

FH: A minha trajetória acadêmica envolveu uma passagem por várias áreas do conhecimento, não por qualquer razão, mas porque eu sempre tive fixação por tomar o Estado como objeto de análise a partir de vários prismas. Seja jurídico, seja econômico, seja filosófico. O tema que perpassa toda minha reflexão acadêmica, antes de entrar na administração pública, é o Estado. Nessa trajetória, fui cativado pela visão materialista do Estado tal como apresentada por Rui Fausto, nos seus estudos marxistas sobre o tema. Fausto nota uma contradição intrínseca a essa instituição, no sentido da dialética hegeliana *stricto sensu*. Como Fausto assinalou com muita propriedade, nos textos de Marx, a moeda aparece como uma entidade contraditória em si mesma: ao mesmo tempo uma mercadoria particular, produzida pelo trabalho (na fase do padrão-ouro), mas que detém a peculiaridade única de se trocar por todas as outras mercadorias, apresentando-se como universal. O universal e o particular convivem no mesmo objeto singular. Da mesma forma, em chave dialética, nas análises mais avançadas sobre o Estado, ele também se revela como uma entidade contraditória em si mesma. No Estado convive a dimensão comunitária do Estado, expressão dos interesses gerais da sociedade, numa relação subalterna com a dimensão repressiva do Estado, como expressão dos interesses gerais da classe dominante. Estado como força que repõe os pressupostos da reprodução do sistema.

Essa contradição sempre me apaixonou. Seria possível pensar o Estado dinamicamente? A política poderia ensejar um movimento em que essa dimensão comunitária, subalterna, bem entendido, mas que está lá subjacente, emergisse no sentido de criar as condições de uma sociedade mais equilibrada, mais justa, mais democrática, mais participativa e assim por diante? Se a resposta for positiva, aquela visão mais crua do Manifesto Comunista, que apresenta o Estado apenas como o comitê que trata dos interesses gerais da classe dominante, dá lugar a uma visão bastante mais sofisticada, que abre espaço para pensar a política de outra maneira.

A atuação política de um socialista pode se dar por fora do aparato estatal, mas pode se dar por dentro também, procurando alargar, mais pela ação do que pela produção intelectual ou agitação social, essa dimensão comunitária que, por sua vez, empodera a luta de quem corre por fora. Essa visão dinâmica do Estado me conduziu para a política, ou seja, a política não significou uma ruptura com minha trajetória intelectual, antes foi um desdobramento quase lógico dessa trajetória.

Carlos Melo: A sua concepção de política é essa luta. Esse desafio de transformar o Estado em uma outra coisa voltada não mais para essa expressão de interesses de classes, mas para essa dimensão comunitária.

FH: O que se viu nas democracias sociais, sobretudo nas democracias europeias do pós-guerra, foi a demonstração histórica dessa possibilidade. Eu não desprezo de maneira nenhuma os avanços que o Estado, sob comando de partidos trabalhistas, socialistas ou social-democratas, pode proporcionar para a sociedade como um todo. Dessa forma, advogo uma visão política diferente da concepção tradicional da esquerda que via na tomada de poder um processo necessariamente de ruptura. Ruptura que produz as consequências políticas que se conhece, sobretudo no que diz respeito às liberdades, sempre muito comprometidas nesses momentos.

O que estou dizendo é que é possível atuar politicamente numa perspectiva transformadora partindo do Estado e potencializando a sua dimensão comunitária e universal. Não podemos de maneira nenhuma afastar a possibilidade de que a transição do capitalismo para uma sociedade emancipada seja produto, entre outros processos no campo econômico, de um alargamento dessa dimensão comunitária universal que, regra geral, permanece subsumida ou subordinada à lógica da mera reposição dos pressupostos do sistema.

Carlos Melo: Na sua experiência, na vivência administrativa nos diversos cargos que o senhor passou, isso se consolidou como um conceito? Como foi essa visão da prática, da ação concreta?

FH: A tese, digamos assim, se demonstrou verdadeira em muitos sentidos. Mas o que incomoda no caso da vida real, nas circunstâncias brasileiras, é que o teste prático proporciona avanços que ficam aquém das possibilidades, por razões que ainda exporei. Eu participei da gestão da prefeita Marta Suplicy na Prefeitura de São Paulo. Não há como negar que a vida das pessoas melhorou. O IPTU progressivo de um lado, os CEU de outro, a ênfase no transporte público, para citar três casos.

No caso do governo Lula, igualmente. A obsessão do presidente Lula em garantir acesso praticamente universal à universidade é expressão de que é possível explorar essa dimensão comunitária do Estado. Como ministro eu era cobrado sobre a expansão das Universidades Públicas Federais, o Reuni, sobre a efetividade do ProUni, sobre a reforma do financiamento estudantil, o Fies, sobre a expansão da educação profissional etc., ou seja, Lula, até pela sua origem e dificuldade de acesso à educação formal, acompanhava esses projetos de perto. E não sossegou enquanto não transformou seu sonho em realidade. Hoje, aquele bordão do movimento estudantil de que "o filho do pedreiro também vai virar doutor" se materializou. Multiplicou-se por cinco a presença dos negros na universidade em oito anos, e isso não é pouca coisa. As classes D e E chegaram à universidade. Estou citando alguns exemplos, mas poderia me estender muito. Eles mostram o lado verdadeiro da hipótese que eu tinha acerca do Estado quando decidi ingressar na vida pública.

Um lado frustrante, por assim dizer, é que esse sistema político, da maneira como está organizado, é efetivamente uma barreira a que esses avanços, que são concretos, possam ter um alcance muito maior. Nas condições brasileiras, o Estado contém em si mais do que uma contradição. O Estado moderno contém essa contradição típica, da dimensão comunitária subalterna aos interesses das classes proprietárias, mas, além disso, nas condições locais, os interesses econômicos se organizaram em bases patrimonialistas de tal maneira que, para além da contradição típica, temos ainda uma sobredeterminação peculiar que molda o Estado brasileiro.

Tem-se uma dupla contradição: uma contradição que é comum a todos os sistemas políticos modernos — a contradição entre o interesse geral da sociedade e o interesse da classe dominante que se apresenta como geral —, e a contradição que é própria da nossa especificidade, dada pela maneira como cada grupo de interesse, organizado a partir de uma perspectiva econômica particularista, se relaciona com o Estado pela lógica da concessão, do favor, e que contamina e fragmenta toda representação política.

Dito de outra forma, a fragmentação política tem bases materiais que impedem a afirmação do universal ou até mesmo dos interesses gerais da classe dominante.

Carlos Muanis: O senhor está dizendo que não é uma mera questão de vontade política. Pela sua experiência no governo Marta, no governo Lula e certamente pelo seu próprio governo, vontade política há, evidentemente, mas existem obstáculos que são muito grandes, que de uma forma mais geral o senhor coloca como essa expressão de interesses de classe. Mas esses interesses de classes são absolutamente fragmentados também, não funcionam como um bloco. Eles não funcionam plenamente alinhados dentro da representação. Há uma crise dessa representação também. Como é que se dá essa representação de interesses? O senhor consegue compreender isso como um bloco organizado ou como atores fragmentados?

FH: Interessante a sua pergunta. Essa segunda contradição a que me referi, que tem a ver com a representação, gera, justamente, a fragmentação. O Estado deixa de ser um comitê de organização dos assuntos gerais para cuidar fragmentariamente de assuntos específicos. É como se o Estado brasileiro fosse uma soma de capitanias. Temos uma quebra da unidade do Estado que permite compreender melhor o funcionamento do sistema. Aí a questão da representação, conforme você bem assinala, gera um efeito sobre o Estado do ponto de vista da dinâmica capitalista.

O Estado brasileiro, com sua mediação torta pela representação corrompida, em vez de cuidar das condições gerais de funcionamento do sistema, acaba adotando viés patrimonialista. Um patrimonialismo que não é mera continuidade da tradição ibérica, como pensava Raymundo Faoro. É um patrimonialismo cruelmente "moderno". Nem todo patrimonialismo é arcaico, como nem toda escravidão ou despotismo são arcaicos. Dito de outra maneira, formas arcaicas podem ser recuperadas para propósitos modernos e igualmente cruéis.

Carlos Melo: O senhor voltou a dizer isso em uma entrevista, um pouco antes da sua posse. Só para eu entender: o patrimonialismo do Raymundo Faoro diz respeito à existência do estamento superior, organizado para dirigir o Estado. E o senhor está dizendo que o patrimonialismo de hoje é uma espécie de fragmentação de interesses particulares que se dirigem ao Estado, para se aproveitar do Estado.

FH: São duas questões, na verdade. Praticamente não há atividade econômica no Brasil que não seja referenciada a algum benefício, algum mecanismo, algum suporte estatal. O Faoro fez uma análise muito apurada sobre o Estado brasileiro e notou seu caráter patrimonialista, o que está correto. Sem prejuízo dessa ideia forte e concreta, o que eu tenho a dizer é que isso está longe de ser um desdobramento linear da tradição patrimonialista ibérica que vem desde a dinastia de Avis. Não, isso é outro processo que tem a ver com a modernidade brasileira. Não tem a ver com nosso passado, tem a ver com a maneira como nós organizamos a dinâmica capitalista no território. Essa é a questão. Nós não organizamos um Estado-nação, nós organizamos um Estado-concessão, ou um Estado patrimonialista moderno.

Carlos Melo: Em outras palavras, o capitalismo brasileiro se constitui não de baixo para cima, mas também pela via do Estado, pela via dos benefícios que o Estado concede aos vários recintos.

FH: E sempre numa relação particularista, de concessão. Sempre numa relação de favor. Nesse sentido, o Estado é o prolongamento dos interesses privados pela via do favor, circunstância que o aprisiona a interesses de diversos grupos ou capitanias, numa relação de captura. O Estado patrimonialista é um Estado capturado que tem grande dificuldade em apresentar os interesses gerais da classe dirigente como interesse de toda a sociedade. Essa espécie de sobredeterminação em que o geral se dilui no particular tira a base de legitimidade que o Estado moderno clássico conquistou na sua relação com as classes subalternas.

Carlos Melo: Quem é o dono desse Estado?

FH: (risos) Depende. Se o ciclo é democrático, uma das características do patrimonialismo é que a alternância no poder transborda para a esfera econômica. O Estado funciona muito como agência capturada. Como existem várias agências dentro da agência maior, o Estado tem vários "donos". São os donos do poder, que mudam conforme as circunstâncias e os interesses que estão em jogo.

Carlos Muanis: Agora isso mexe com a essência da democracia brasileira, com a sua perspectiva?

FH: Olha, isso tem muito a ver com esse divórcio que, na minha opinião, as manifestações de junho [de 2013] de certa maneira desnudam. Esse divórcio do jogo democrático entre o cidadão e o Estado. O cidadão começa a não se ver mais representado politicamente. O cidadão não consegue visualizar o elemento central que está em jogo na disputa política. Ele, cidadão, percebe que a centralidade da disputa política foi deslocada da cidadania para outros interesses, no geral interesses particularistas.

A sobreposição dos interesses particulares no Estado o torna ineficiente como agência de garantia de bens e serviços públicos de caráter universalizante. O outro problema é que junto com essas questões de natureza política existe uma série de empecilhos e bloqueios de natureza jurídico-administrativa. Eles limitam a velocidade das respostas do poder público. Os limites jurídico-administrativos e a sobreposição de funções acabam quase que inviabilizando as respostas às demandas sociais. As manifestações de junho apontaram para esse limite, essa incapacidade do poder público de responder de forma eficaz à demanda por serviços e bens públicos de qualidade.

Carlos Melo: Eu queria avançar e falar um pouco dos atores políticos. Já se falou da fragmentação que existe na representação dos interesses. Olhando para essa fragmentação, quais são os atores políticos que o senhor enxerga nesse processo? Quer dizer, que setores estão participando do jogo: a juventude, os lobbies, setores econômicos, enfim, quais são os atores políticos nessa fragmentação? É possível identificar ou nem todos são identificáveis? Acrescentaria ainda a questão dos partidos hoje. Todo mundo está pensando: afinal, o que esses partidos representam? Porque ficou claro que eles foram atropelados pelo processo das manifestações.

FH: Veja, o processo que descrevi no começo acaba reverberando na política de uma maneira geral. Quando você não consegue enxergar o tal do comitê central que responde aos interesses gerais das camadas dirigentes do país, isso tem uma expressão na organização partidária de forma absolutamente evidente. Você também não consegue organizar o pluripartidarismo no Brasil, porque, a cada momento, uma fresta, uma brecha da legislação é utilizada, não para consolidar um processo, orquestrar um processo de formação de partidos ideologicamente situados, mas para criar oportunidades, sejam oportunidades econômicas ou políticas empalmadas por atores específicos, que respondam, no limite, a um indivíduo.

Esse processo produz uma fragmentação política dos interesses já fragmentados. Os partidos e a representação política deveriam fazer um processo inverso: o da unificação de interesses diversos em um programa de ação. A dificuldade na elaboração de programas e projetos de sentido mais geral tem como raiz essa incapacidade de unificar os interesses econômicos pela via da política. Dificuldade que se traduz no baixo padrão das nossas políticas de Estado.

Carlos Muanis: Há um ator social no sentido mais amplo ou a fragmentação foi tão grande que se transformou só em interesses particulares, quando não individuais?

FH: Essa lógica da fragmentação foi levada quase ao paroxismo. Um indivíduo, seja ele um empresário, um líder carismático ou o dono de um partido, pode determinar o rumo das coisas. O poder dos indivíduos é muito grande, dada a fragmentação dos interesses que representam. Assim, seja um Eike Batista ou uma Marina Silva, para citar dois extremos, ambos têm um poder pessoal muito grande na determinação do jogo em que estão envolvidos. O jogo do interesse coletivo e até do interesse público fica subordinado a essas lógicas particulares. É isso que explica o forte personalismo que há na política brasileira.

Nesse contexto, será difícil reproduzir um governo com as características do governo Lula porque ali existiam duas coisas muito incomuns reunidas. Um partido que se formou na base social, com uma capilaridade e capacidade de diálogo com a sociedade civil — com os sindicatos, as associações de bairro, de moradores, enfim, toda organização social — e uma liderança carismática que era capaz de aglutinar interesses diversos. Isso talvez seja um ponto fora da curva na história política do Brasil. Foi uma experiência que, provavelmente, não se reproduzirá tão cedo.

Carlos Melo: Só para aproveitar a oportunidade, o senhor acha que no governo Dilma esse diálogo se perdeu em parte? O diálogo do governo com essas várias representações da sociedade, sindicatos, movimentos, assim por diante?

FH: Eu acho um pouco injusta a comparação dos dois governos em virtude do fato de que estamos diante de uma figura histórica absolutamente incomum. A extraordinária capacidade de Lula em dialogar e juntar interesses díspares implica que qualquer sucessor teria uma tarefa muito difícil para reproduzir as condições de seus dois mandatos.

Aldo Fornazieri: Queria fazer uma colocação: parece que o Lula conformou um bloco de poder. Ele conseguiu amalgamar um bloco de poder aglutinando a diversidade, com vários setores, CUT e Força Sindical, juntos, PT e

PMDB, movimentos sociais, interesses da indústria, do agronegócio, do capital financeiro.

FH: Ele conseguiu, sendo um líder carismático, ser a expressão de um movimento social amplo. Não foi só uma liderança carismática. O governo Lula foi a expressão de um processo muito particular. É o que permitiu ao Lula, de certa maneira, essa força que é quase única no período de democratização. Permitiu a ele romper algumas barreiras importantes impostas por esse sistema todo que eu descrevi no começo. Barreiras que impedem políticas sociais universalizantes. A força que o Lula teve como resultante do carisma e da capacidade de diálogo e de aglutinação lhe permitiu implantar programas sociais inclusivos que nenhum outro governo conseguiu. Essas circunstâncias todas contribuíram para melhorar a renda e a vida de milhões de brasileiros.

Carlos Muanis: Ele atuou também por fora das amarras institucionais?

FH: Não. Curiosamente, o governo Lula é produto também da institucionalidade que ele ajudou a construir. Além de construir essa institucionalidade, que lhe dá força, ele é o articulador de pontos e demandas que estão fora daquilo que ele próprio criou. Ele consegue, sobretudo no segundo mandato, uma condição de governabilidade bastante particular que se expressa não só na capacidade de aglutinação de forças e interesses, mas também no diálogo e na articulação daquilo que não está representado com aquilo que está representado, daquilo que não está institucionalizado com aquilo que está institucionalizado. O Bolsa Família, o ProUni, o Luz Para Todos são programas que trazem para a esfera do institucional e da representação amplos setores sociais que estavam fora da representação e da institucionalidade.

Carlos Melo: Só para fazer uma comparação simbólica com aquilo que o senhor estava dizendo antes. O Lula, de certa forma, conseguiu ser, ele ou ao menos o governo dele, o comitê inteligente dos interesses não do capital, mas de toda a sociedade. Sempre formando um grande bloco. Ele conseguiu dar, de certa forma, uma racionalidade universalizante para os interesses plurais que se põem na sociedade.

FH: Eu diria que o governo Lula não deixa de responder aos interesses classicamente chamados de burgueses, porque ele organizou em parte os interesses gerais das classes dirigentes na economia. Às vezes ele é criticado por isso, mas não quero entrar no mérito dessa crítica. Para exemplificar: ele coloca a indústria naval para andar, coloca a indústria da construção civil para andar, ele coloca a indústria automobilística para andar. Ele, de certa maneira, organiza os setores fortes da economia, mas consegue conciliar tudo isso com interesses legítimos, sobretudo os dos de baixo, dos trabalhadores, do subproletariado, setores que começaram a se sentir representados no Estado como nunca no passado.

Esse êxito é atribuído a vários fatores, a exemplo do cenário internacional favorável. Mas é preciso perceber que entrou em cena a ação virtuosa de um líder que soube conduzir o Estado e a sociedade numa conjunção de interesses cujo resultado foi positivo para praticamente todos os setores sociais e econômicos. A grande popularidade com que o governo terminou é expressão desse resultado positivo e satisfatório para a maioria da sociedade, para a maioria dos setores sociais.

Carlos Melo: Essa coisa da fragmentação, da ideia do líder que vai agregar interesses, permite fazer a pergunta se não é o presidencialismo de coalizão que garante essa unidade.

FH: Veja que isso só reforça, na minha opinião, o raciocínio que desenvolvi. No presidencialismo de coalizão é possível perceber que essa fragmentação atinge também a esfera dos partidos. Lula tenta reverter essa fragmentação ao buscar uma unidade mais abrangente, articulando os interesses de setores do capital e os interesses da classe trabalhadora no mesmo projeto. Daí decorre o reconhecimento do PMDB e do PL como forças partidárias importantes e aliadas. A aliança não se dará mais apenas com os parceiros tradicionais, como PSB, PCdoB e PDT. Lula rompe com uma visão que prevalecia no PT de alianças restritas ao bloco de esquerda ou centro-esquerda. Nesse sentido, Lula passa a representar efetivamente a quase universalidade do espectro político brasileiro.

Lula me fez uma pergunta representativa das suas reais pretensões. Saiu no Datafolha um dado que dava a ele mais de 80% de aprovação e 4% de rejeição. Ele me perguntou se eu havia visto a pesquisa e emendou: "Quem são esses 4%?" (risos).

Carlos Melo: Dá para compreender o significado dessa pergunta. É muita coisa. Quem são os 4%? Vamos chegar juntos nisso. O presidencialismo de coalizão é a expressão da segmentação, perfeito?

FH: Não, o que eu disse é que o presidente da coalizão visou reverter esse quadro de fragmentação.

Carlos Melo: Exatamente, você tem a fragmentação e tem que tentar reverter criando uma unidade. Mas essa unidade vai se dar por conta do quê? Ela é programática, ela é ideológica? Que papel têm os programas e ideologias nesse processo?

FH: Não é nem poderia ser programática porque no processo imediatamente anterior, e que é de longa duração, os programas perderam completamente o sentido. Então os partidos sequer se apresentam como defensores de bandeiras claras e bem-situadas no espectro ideológico. Isso se pulverizou nesse processo. Assim, a aliança não é de natureza programática. Ela procura constituir campos de força. Muito mais do que expressar um programa, ela está mais na linha da hegemonia em busca de conteúdo. E que, na verdade, isso não tem como negar, existia um grande vazio que foi preenchido pelo PT. O PT preencheu esse espaço, com todas as contradições da sua própria construção.

A relação do PT com o capital nunca foi uma relação simples, mas contraditória. Por exemplo, a promoção da indústria automobilística do ABC é muito cara aos metalúrgicos. Quer dizer, para alguns segmentos petistas, essa relação com o capital não é uma relação necessariamente de embate desde as origens do partido. Para outros setores do partido a relação com o capital é extremamente difícil.

A relação com as multinacionais, para citar um tema que nos frequentou até os anos 1980, era de conflito. Hoje quase não se ouve falar em multinacional no Brasil. O conceito foi naturalizado. Mas o tema era importante na minha época de estudante. Essa tensão existia dentro do PT. Ocorre que alguns empregados de multinacionais se sentavam à mesa com seus patrões em busca de melhores condições de vida, melhores salários, menor jornada de trabalho, direitos trabalhistas de primeiro mundo e assim por diante. Outros setores partidários viam na presença dessas mesmas empresas aqui no Brasil uma ameaça à soberania. As multinacionais serviam para explicar o atraso do nosso desenvolvimento tecnológico e a falta de produção endógena de conhecimento científico. Essa tensão que existia dentro do PT poderia se tornar um problema para o governo se não tivesse um tratamento adequado. O presidente Lula quis superar essa tensão conformando um campo de forças abrangente, capaz de compatibilizar vários interesses na melhor tradição do trabalhismo.

Carlos Melo: Você usou uma frase que achei interessantíssima: "hegemonia em busca de conteúdo". Achei interessante, pois você tem hegemonia, mas não tem exatamente um programa, um conteúdo. O que é essa busca de conteúdo, e qual é o conteúdo?

FH: Isso é muito curioso, pois o que se vê é a diferença entre os programas apresentados nas eleições e o que o governo faz ou tenta fazer efetivamente. Os governos resultam em campos de força amplos, cujo primeiro objetivo é garantir a governabilidade. Depois das crises do processo de redemocratização e da crise do governo Collor, a busca das condições políticas de governabilidade se tornou quase uma obsessão. Em todos os governos há um esforço grande nessa direção. Isso explica em muito a natureza das alianças que ocorrem depois das eleições.

Carlos Muanis: O programa de governo apresentado na eleição normalmente é baseado em pesquisas.

FH: Não necessariamente. Olha, os do PT não. Os do PT são precedidos de mil reuniões. A elaboração dos programas do PT implica um processo constituinte, de baixo para cima, com intensa participação dos mais diversos setores sociais e dos saberes organizados. No governo, diferentemente do programa, é a hegemonia em busca do conteúdo. É o campo de força que vai garantir a governabilidade e a possibilidade concreta dos alcances e limites a que o governo está sujeito.

Carlos Muanis: O governo vai se fazendo nas próprias contradições do dia a dia...

FH: Há um primeiro impulso que vem das origens da militância. E para além desse impulso você tem os limites e possibilidades reais que determinarão o que o governo efetivamente fará. Isso vale para o Bolsa Família — o Bolsa Família implantado não era o Bolsa Família do programa. O programa da campanha do Lula era uma coisa muito mais ampla. O Bolsa Família era um item, nem sei se era o mais importante, mas era um item do Fome Zero.

O ProUni não era nem mencionado no programa. Então tem muita coisa que é determinada pela correlação de forças do dia em que foram decididas. Eu diria que algumas conquistas só foram possíveis pela *hora* em que foram decididas. Muitas ações e êxitos do governo dependem de circunstâncias casuais. As circunstâncias e as conjunções ou a falta delas podem derrubar uma emenda constitucional num determinado momento ou permitir a sua aprovação. Se não acontecem naquele momento, podem não mais acontecer. Veja o caso da CPMF e o subfinanciamento da saúde pública. Até hoje pagamos o preço do populismo da Fiesp e do PSDB. Os interesses são fragmentados e pouco organizados. O resultado político é, em boa medida, a expressão da fragmentação e da baixa organização que se traduz nesse campo de forças, nessa hegemonia em busca de um conteúdo.

Aldo Fornazieri: Nesse sentido, você diria que aí já tem uma dificuldade com a visão tradicional dos partidos que lutavam e se organizavam para constituir uma hegemonia de longo prazo? Isso, a rigor, é quase que impossível hoje, dada a natureza nova da sociedade.

FH: Uma das razões pela qual eu acho que o PSOL não vingou, por exemplo, é porque tentou reproduzir a história do que foi o PT. Tentou um resgate do que poderia ter sido o PT na visão da dissidência. O envelhecimento da forma do partido, neste mundo de mudanças incessantes e velozes, é uma das razões não casuais que faz com que os novos partidos surjam sem se assumirem como partidos. É a Rede da Marina Silva, o Solidariedade do Paulinho da Força Sindical etc. O próprio DEM testou a fórmula. O PPS ensaiou se transformar em Mobilização Democrática. Não tem partido. É movimento, é sentimento, é rede.

Carlos Muanis: Quer dizer, não se tem mais um postulado nem tem mais uma estrutura vertical clássica.

FH: Está todo mundo querendo sair desse casulo, sem encontrar a fórmula. O ministro Joaquim Barbosa chegou a defender candidaturas avulsas.

Aldo Fornazieri: A própria OAB já falava disso, e até muitos petistas, o próprio governador Tarso Genro, falam em candidaturas avulsas.

Carlos Melo: Tudo isso não demonstra uma crise de formulação ideológica? Quer dizer, um envelhecimento de teses que sustentavam a ação política. Como o senhor vê, daqui para a frente, o que será necessário para alterar essa realidade desenhada em seus argumentos? Partindo dos movimentos de junho [2013], o que vem de novo por aí? Eu vejo um divórcio absoluto nas formulações clássicas, tradicionais, dentro dos partidos em relação a essa nova realidade. Não há uma compreensão exata do que está acontecendo.

FH: É atrativo o raciocínio porque estamos no calor de um acontecimento impactante. Mas, mesmo antes das manifestações de junho, o problema do desgaste dos partidos já existia. No passado, porém, os partidos foram os depositários das grandes esperanças por mudança. A democracia moderna se construiu como democracia de partidos. A crise da democracia de partidos e a crise de representação vêm sendo anunciadas há bastante tempo, mas não surgiu uma alternativa, no plano político, no plano do Estado, a essa fórmula. Rever esse esquema, encontrar uma alternativa, não será uma tarefa fácil. Do meu ponto de vista, entendo que a forma Estado é uma forma que está e estará presente. O Estado é o lugar próprio e específico da política. Não que não se faça política fora do Estado. Mas é no Estado que a política se efetiva por excelência. O próprio anarquismo tem muita dificuldade em lidar, por exemplo, com a dimensão comunitária do Estado. Não consegue negar sua existência e o papel que desempenharia numa sociedade emancipada.

Carlos Muanis: A crise financeira de 2008 mostra àqueles que diziam que o Estado não é importante o quanto ele é importante...

FH: É isso mesmo. O que tem que se debater é de que lado o Estado atua nesses momentos de crise aguda. No caso da crise norte-americana e europeia, na minha opinião, ele atuou mal. Atendeu os interesses do capital financeiro que causaram a crise. Mas no Brasil acho que ele atuou bem: impediu o agravamento da crise, que poderia prejudicar os mais pobres e causar desemprego. O tratamento que foi dado ao sistema financeiro nos dois, mas especialmente na Europa, não condiz com a tradição europeia que construiu o Estado de bem-estar.

Carlos Muanis: Eu considero um tratamento vergonhoso...

FH: Foi vergonhoso mesmo. Quando se sabe nome e sobrenome dos responsáveis pela devastação financeira do continente europeu que vive processo de unificação monetária, o tratamento que foi dado à crise só pode ser considerado um vexame.

Mas voltando ao tema do Estado, a forma me parece incontornável, sabendo que ela já assumiu e assume muitas feições. Ela não é a mesma sempre. E eu entendo que a forma Estado vai passar por uma reforma do ponto de vista das suas finalidades e até mesmo do ponto de vista da relação com a sociedade. Ela tem de encontrar permeabilidade, porosidade, capilaridade na relação com a sociedade. Tem que se orientar para atender as demandas sociais com mais efetividade.

Por outro lado, as estruturas tradicionais de comunicação, relacionadas às mediações entre os governantes e a sociedade, precisam mudar. Na era da comunicação instantânea, os mecanismos tradicionais se tornaram obsoletos. A nova comunicação precisa estabelecer processos interativos mais eficazes e velozes entre os governantes e a sociedade, sob o risco de haver um isolamento, um insulamento, dos governantes nos gabinetes. Dessa forma, a comunicação interativa entre governo e sociedade deve estar a serviço da boa governança para quem dela precisa.

Moisés Marques: Tem alguma coisa que pudesse ser chamada de cidadania eletrônica?

FH: Acho difícil antecipar os contornos dessa nova configuração. Sempre contestamos a ideia de eleição a cada quatro anos, em que candidatos apresentam programas e o vencedor executa o seu. É preciso encontrar novos canais de comunicação que expressem uma nova maneira de exercer o poder, uma nova maneira de governar. Mas alguém lembrará da experiência de governos participativos que articulavam essa relação mais direta entre governantes e sociedade. Porém, mesmo essa forma de participação popular mais direta parece esgotada, ou insuficiente. Alguém imaginaria reuniões lotadas nas subprefeituras com os jovens que foram para as ruas? Eles não iriam a uma reunião em uma subprefeitura, muito menos convocados. A autoconvocação de uma invasão da subprefeitura talvez tenha algum êxito (risos). O que parece existir hoje é uma defasagem entre os instrumentos de operação do Estado e do governo, que são lentos em relação ao movimento da sociedade, que é veloz. É preciso equalizar essa relação entre o ritmo da sociedade e o ritmo do Estado. Novas formas de comunicação são fatores importantes dessa equalização.

Aldo Fornazieri: Acho que tem problemas de dois níveis diferentes. Um é o problema da comunicação: como fazer com que a sociedade permeie seus interesses com o poder e como o poder faz a mediação dos interesses da sociedade. O outro problema se relaciona às demandas concretas da sociedade. Por exemplo, o fator detonador de todas essas manifestações é um problema muito concreto que é o transporte público, que vive em uma situação degradada em todas as grandes cidades do país. Então me parece que existe também um problema de falta de capacidade de resposta por parte do Estado. Existe uma espécie de crise de governança que se expressa na incapacidade operativa dos governos.

FH: Com efeito, não existe apenas uma crise política, mas também um problema de ordem jurídico-administrativa que torna a operação dos governos, a operação das políticas públicas, extremamente lenta. Em muitos casos esse nó jurídico-administrativo bloqueia as ações de governo.

Aldo Fornazieri: Mas veja o seguinte: acho que os prefeitos vão estar no centro do furacão daqui por diante. No fundo, o que veio à tona com as manifestações foi uma enorme crise urbana. Os temas urbanos parecem que estão se tornando, se colocando no centro dos problemas públicos neste momento.

FH: O que é mais curioso é que essa crise das políticas públicas, essa degradação dos serviços urbanos, em parte, foi agravada pelo crescimento econômico. O pleno emprego dos últimos anos, a elevação da renda, o acesso ao crédito. O acesso ao carro agravou o problema da mobilidade urbana. Em contrapartida, o investimento em transporte público não acompanhou a velocidade da economia. Por outro lado, é na cidade que o Estado e o cidadão têm uma relação mais imediata. É na cidade que o cidadão percebe de forma mais clara a deficiência do poder público na prestação de serviços. E aí houve um agravamento dos problemas, pela falta de planejamento e de investimentos. Então, de fato, os temas urbanos estão se colocando no topo dos grandes problemas do século XXI.

Carlos Melo: Se teve um adensamento e uma verticalização urbana que foi terrível...

FH: Mas tudo é decorrência de mais renda, mais consumo, num ambiente de opções malfeitas. Ninguém é contra o carro. Mas uma cidade precisa escolher se quer andar de forma lenta, com as ruas cheias de carros, com os agravantes ambientais que isso provoca ou se quer andar com mais velocidade, com um transporte público de qualidade e ambientalmente sustentável. É em torno dessas opções que o debate se dará.

Carlos Melo: Mas veja, você tem renda, compra carro, compra apartamento, vem a verticalização e a mobilidade trava. Você tem de ter posturas municipais para organizar esse processo. Isso não se resume à sua administração que está apenas começando. É um processo de longo prazo...

FH: Aí tem o lado dos equívocos. Como disse, não se investiu em transporte público. A prefeitura não investiu em transporte público durante muitos anos. Os corredores e faixas exclusivas foram abandonados, algo que agora estamos retomando com intensidade. A prefeitura não tinha um grande plano habitacional, e isso tem tudo a ver com mobilidade. Habitação não é casa própria, habitação é cidade. Então levar as pessoas para mais perto dos postos de trabalho, levar empregos para mais perto da moradia das pessoas é uma estratégia de pensar a cidade. É preciso adequar o transporte público e aproximar trabalho e moradia. É preciso apostar numa estratégia de redução dos longos deslocamentos, que representam um enorme custo econômico, social, ambiental e de qualidade de vida.

Moisés Marques: Essa foi uma formulação extraordinária na sua campanha. Mas acho que tem um outro processo: ao mesmo tempo que faltou inteligência em termos de alocação das habitações, faltou regulação.

FH: Regulação. Regulação do território...

Carlos Melo: E ao mesmo tempo se fechou os olhos para processos de verticalização que foram extremamente danosos. Foram criados conjuntos habitacionais de classe média, de patrão altíssimo, em que cada apartamento tem dois ou três veículos, só que o poder público não se preocupou em ter corredor de ônibus. A rua ficou a mesma, mas com muito mais carros. Eu queria retomar só uma coisa: essa crise de representação — o Castells vai identificar essa crise de representação no mundo inteiro — vai existir e vai estourar justamente nos municípios, que é o lugar onde as pessoas vivem. Todos esses problemas vão estourar ali. Acho que é por isso que o Aldo diz que os prefeitos vão estar no centro do furacão, porque

concretamente a população vai se mobilizar em virtude das suas condições de vida...

FH: As demandas são municipais. São de natureza municipal. Como disse, o município é a face imediata do Estado na vida das pessoas. É no município que as pessoas percebem de maneira imediata a qualidade dos serviços públicos.

Carlos Muanis: Mesmo quando os serviços não são de responsabilidade dos prefeitos...

FH: Serviços públicos de transporte, educação, saúde, segurança. Parte da população não tem percepção clara das responsabilidades federativas. Isso gera um problema quando se fazem pesquisas de avaliação. A segurança, por exemplo, é atribuição dos estados, mas muitas vezes o seu déficit recai sobre o prefeito ou sobre o governo federal. Na educação e na saúde existem responsabilidades compartilhadas. Em outros casos, as prefeituras têm responsabilidades sem ter uma fonte bem definida de recursos. É necessário repensar o pacto federativo para que as responsabilidades dos entes sejam mais bem definidas. Nas grandes metrópoles, surgem problemas que deveriam ser compartilhados por uma instância que não existe, uma instância metropolitana. Existem problemas que deveriam ser compartilhados entre a cidade de São Paulo, as cidades do ABC, Guarulhos, Osasco etc. Como não existe uma instância político-administrativa metropolitana, muitos problemas se tornam de solução difícil.

Carlos Melo: Mas aí temos um outro problema. Nós não temos um ente metropolitano. Quer dizer, tem dois grandes problemas. Em primeiro lugar, acho que isso re-

meteria para uma ideia de rediscussão do pacto federativo, que eu entendo que é uma pauta importantíssima e não é só a reforma política que se coloca nessa conjuntura. O tema do pacto federativo e da distribuição dos recursos precisa entrar na agenda. E aí o senhor constata outra dificuldade: há um problema que é metropolitano, e não temos um ente metropolitano que funcione. Como equacionar essa situação?

FH: É verdade. Bom, houve uma tentativa do governo federal, muito tímida, mas que foi uma primeira tentativa, e deve ser registrada, que é a lei dos consórcios. A lei dos consórcios prevê que municípios, que pela Constituição são entes autônomos e compõem a Federação, possam se organizar em consórcios. O eixo das articulações intermunicipais pode ser inclusive temático, como transporte, segurança, saúde etc. Mas, efetivamente, é ainda um instrumento limitado para mobilizar a energia necessária para resolver os problemas metropolitanos. Outra tentativa, que também não resultou em nada impactante, foi a criação, nos estados, de secretarias para assuntos metropolitanos. O que se precisa é buscar um equacionamento institucional que seja um meio efetivo para enfrentar os problemas metropolitanos. Essa institucionalidade deve ser dotada dos meios necessários para que possa agir com eficácia no enfrentamento dos problemas e dessas várias interfaces entre os municípios metropolitanos. Os governos estaduais têm se mostrado um fiasco nesse particular, diga-se de passagem.

Carlos Muanis: Para equacionar o problema metropolitano então seria necessário criar outra instância federativa?

FH: Entendo que nós devêssemos começar uma discussão sobre uma figura constitucional nova, que eu chamaria de Distrito Estadual em contraposição ao Distrito Federal. O Distrito Estadual seria a maneira de reconhecer a importância da região metropolitana, sem a necessidade de criação de novos estados subnacionais, subdividindo os atuais. A criação do Distrito Estadual, nesse sentido, não alteraria a representação no legislativo federal, Senado e Câmara dos Deputados.

Dessa forma, o Distrito Estadual não seria um ente subnacional, mas subestadual, com legislação e governança próprias. Não teria reflexos na representação federal, mas teria reflexos importantes na maneira de enfrentar os problemas de um grande conglomerado urbano. Como ainda não tenho o desenho dessa institucionalidade, estou desenvolvendo uma reflexão provocada pela sua pergunta. Mas acho que deveríamos ousar e começar a pensar teoricamente, academicamente, em um primeiro momento, como seria essa nova institucionalidade. É uma discussão que requer a participação de juristas, cientistas políticos, economistas e planejadores.

Veja que, apesar de a proposta ter um caráter marcadamente administrativo, ela, num segundo momento, revela um alcance político notável. Uma das pernas do patrimonialismo brasileiro, como notou Faoro, é justamente a oligarquia territorial que se organiza em cada estado subnacional. Ora, as regiões metropolitanas reorganizadas como Distritos Estaduais trariam uma aura de modernidade e ensejariam uma atualização da agenda política como nunca aconteceu.

Se tivermos no horizonte aquela meta de alargamento da dimensão comunitária do Estado nacional, o movimento de emancipação, num só golpe, poderia ocorrer na transição do Estado-concessão patrimonialista para uma forma avançada de organização do Estado como Estado-comunitário, alargando a perspectiva universalizante do cultivo da igualdade e da diferença que só pode se dar nas metrópoles. Em outras palavras, o Estado-comunitário sairia fortalecido pela metropolização da Federação.

Carlos Melo: Mas não existem impasses de ordem político-partidária para criar essa nova figura administrativa? O prefeito de SP tem força política para fazer essa proposta para o Brasil?

FH: Há que se ter cuidado porque logo alguém começa a fazer a conta miúda de quem vai ser beneficiado e quem vai perder. Eu estou fazendo uma consideração teórica com o objetivo de provocar o debate em torno de um problema que é real. Um experimento novo como esse teria que ter um período longo de experimentação e de ajustes. Não é uma proposta que vise um ganho imediato. Trata-se de projeto importante demais para merecer um tratamento circunstancial.

Carlos Melo: Gostaria de explorar a coisa da liderança política e da liderança do prefeito de São Paulo. Acho que essa questão metropolitana é importantíssima, fundamental. Agora, como expressar isso em termos de liderança política? O senhor, em tese, disse que daqui a alguns anos tem que adotar soluções comuns para problemas que são comuns a vários municípios.

FH: Na campanha, eu propus um plano diretor da região metropolitana, o que já seria um passo. Mas acho que é preciso ir para além disso. As articulações frágeis dos prefeitos da região e a relação entre o prefeito e o governador não são suficientes para enfrentar os problemas metropolitanos.

Carlos Muanis: Não dá para pensar, por exemplo, a política de segurança pública fora de seu contexto metropolitano. Tráfico, crime organizado, assaltos, chacinas são crimes que se estruturam na região metropolitana. O problema da segurança voltou a ser preeminente. Esse problema — a violência — também não criou um caldo de cultura para essa revolta que se expressou nas manifestações dos últimos tempos?

FH: Acho que essa é uma questão. A questão da segurança foi a questão central que impulsionou as manifestações. A violência policial praticada naquela quinta-feira, dia 13 de junho, provocou uma reação de repulsa por um lado, e de solidariedade ao Movimento Passe Livre por outro. Provocou uma mudança no humor da opinião pública que desaguou nas manifestações de maior vulto. Acho que esse fator não foi suficientemente explorado nas análises sobre as manifestações.

Carlos Melo: Ficamos diante de uma explosão que pegou todo mundo de surpresa pela intensidade do processo. Como o senhor enxerga, daqui para a frente, essa energia toda que apareceu assim repentinamente, articulada muito em função das redes sociais. Percebe-se que tem gente que jamais falava de política e começou a palpitar dando tiro para todos os lados. Como o senhor vê esse processo daqui para a frente?

FH: Posso errar na projeção, mas considero que não será apenas uma catarse, ou seja, não uma chama que desaparece e some tudo. Acho que não, acho que é o início de um novo processo. Talvez ele não se expresse em manifestações recorrentes nas ruas. Mas o fato é que ele colocou uma agenda nova, ou uma agenda que estava amortecida, em curso. Por isso digo que o Estado vai ter de repensar a questão comunicativa em duplo sentido: ele precisa interagir de forma mais intensa com a polifonia social e captar de forma mais rápida as demandas da sociedade. Até a presidenta Dilma colocou essa questão, afirmando que quer os jovens mais próximos do governo, quer estabelecer novos canais de interação e comunicação.

As manifestações surpreenderam a todos: governo federal, governos estaduais e municipais, governistas e oposicionistas. E se eu entendo que o Estado vai ter de se reformar do ponto de vista comunicacional, não apenas em relação às políticas públicas, mas também na maneira de dialogar, é porque não reduzo as manifestações de junho a uma mera dimensão catártica. Teve sim uma dimensão catártica, principalmente em reação à violência policial, mas existiram elementos de maior profundidade naqueles protestos que nós, governantes, precisamos compreender e com eles interagir positivamente. O segundo fato que eu vejo, mas que ainda precisa de comprovação, é que os protestos moveram também as forças conservadoras. Elas podem ter perdido a inibição de se manifestar publicamente, o que não acontece desde os anos 1960.

Carlos Muanis: O ressurgimento de uma nova direita?

FH: A direita sempre esteve aí Não sejamos ingênuos. Ela está aí, e em grande medida ela comanda. Em geral as instituições funcionam com uma lógica de direita, a lógica da desigualdade e da indiferença. O próprio Estado-concessão, que comprime a dimensão comunitária do Estado, é uma invenção da direita. Então, tem uma inércia monumental no sistema que condiciona a funcionalidade das instituições públicas, que visa perpetuar um sistema em que os interesses e privilégios estão constituídos há muito tempo. As instituições, em vários aspectos, são funcionais: sob o comando e a lógica da reprodução material das coisas, urdem e tramam amarras que impõem inúmeros limites aos avanços do Estado-comunitário.

O que parece surgir agora é a expressão política organizada da direita. Há tentativas de organização de partidos com perfil de direita, algo que existe em outros países da América Latina. No Brasil, ela ainda não tinha se expressado de uma maneira mais aberta, com certo nível de organização. Não descarto também a possibilidade de surgirem grupos mais extremistas. Talvez nós tenhamos que conviver com essa nova realidade. Acho que no Brasil grupos extremistas, de direita ou não, terão presença mais efetiva na política.

Carlos Muanis: O senhor vê, nessas manifestações, algum paralelo com o que aconteceu em várias partes do mundo? Os jovens daqui sofreram influências do movimento Occupy Wall Street, da Primavera Árabe, dos Indignados da Espanha?

FH: Pode ter havido influência, ainda que parcial. Mas o que ocorreu aqui não foi um movimento homogêneo. A homogeneidade não existia nem dentro do grupo que protestou pacificamente e nem no grupo que praticou atos de violência. Um dos desdobramentos daquelas manifestações de junho foi a segmentação de grupos e de pautas, segundo interesses específicos. O que estava reunido em praça pública, nas ruas, no momento das grandes manifestações, era um caleidoscópio de sentimentos difusos. De outro lado, não se dobra a população universitária impunemente. O país tem mais massa crítica do que nunca, embora mal informada.

Carlos Melo: Só gostaria de tocar em outro aspecto para não deixar passar batido. Talvez nos últimos 20 ou 30 anos, a juventude não tenha feito uma opção preferencial pela política. Na verdade, foi para o mercado, para o consumo. Isso, a meu ver, foi um dos fatores que provocaram a queda na qualidade da política. O senhor percebe isso ou não?

FH: É verdade, e isso tem a ver com o fato de que muitos jovens não veem mais na ação política tradicional o caminho de transformar o mundo. Mas em boa medida, tem a ver também com a busca de uma vida confortável, que a política só dá para aqueles que usurpam o poder. A vida política reta impõe privações materiais importantes. Uma pessoa bem formada pensa dez vezes antes de entrar para a política, sobretudo se for honesta.

Carlos Melo: Mas não há mudança de valores nestas duas últimas décadas, pelo menos? A probabilidade de um jovem que se forma no largo de São Francisco, da USP, como o senhor se formou, que perspectiva tem hoje de ir para a atividade política? Hoje ela parece menor do que a do seu tempo?

FH: Mas já no meu tempo era pequena. O que estou dizendo é o seguinte: primeiro tem o apelo do mercado, que não é pequeno. O apelo do mercado, de ganhar dinheiro e do que ele oferece para pessoas bem formadas em termos de ascensão social e econômica, tem um poder de atração bastante grande. Some-se a isso o relativo desprestígio dos políticos nos dias de hoje e também o baixo apelo da política para os jovens.

Aldo Fornazieri: Alguns intelectuais de esquerda chamam a atenção para o fato de que a esquerda, nos últimos tempos, não fez uma crítica ao consumismo. Sugerem que a crise que hoje se vive, principalmente a crise de sentido na juventude, reflete também uma espécie de capitulação da esquerda, ao menos, da intelectualidade, a esse modo de vida ocidental marcado pelo predomínio do mercado e do consumo. E o que esse mercado oferece? Oferece saídas individuais, um certo hedonismo fugaz. Muitos dos jovens que se manifestaram aqui, na Espanha ou nos Estados Unidos chamaram a atenção para um despertar do civismo, da participação, dos sonhos. Quer dizer, esses jovens que foram jogados quase que para a inutilidade existencial e social pelo mercado, quando percebem um movimento de agregação, buscam criar uma identidade e um sentimento de coletividade. O senhor julga que a esquerda, de certa forma, pecou ao não fazer uma crítica a essa sociedade do mercado e do consumismo?

FH: Se eu pudesse fixar uma data de ruptura diria que é maio de 1968. O que se viu em maio de 68? Estudantes fazendo uma contestação global à sociedade, mobilizando o que tinha de mais avançado na literatura sobre erotismo, sobre consumismo, sobre relação de trabalho, de gênero etc. Uma explosão de energia criativa. Mas, da parte do proletariado "revolucionário", o que se viu foi a troca de qualquer perspectiva emancipatória por um bom acordo sindical. Os atores não proletários do movimento tinham perspectivas espirituais de outra ordem.

O curioso de tudo é que aquelas forças não proletárias que se manifestavam nas ruas eram forças criativas e agentes inovadores, no sentido mais forte do termo, que depois, diante do fracasso do movimento, não só capitularam perante o capital como se beneficiaram do desenvolvimento do sistema muito mais do que os trabalhadores. Com a transformação da ciência em fator de produção, muitos daqueles jovens contestadores se tornaram os protagonistas da reprodução ampliada. O capital passou a empregar aquelas mentes, cérebros e energia que haviam se manifestado nas ruas contra tudo, para promover o que é próprio do capitalismo: destruição criativa.

Carlos Muanis: O sistema teve a capacidade de acabar dominando os significados dessa energia, pela cooptação. A camisa com a cara do Che Guevara vendida no shopping de luxo...

FH: As forças criativas que protestavam detinham na época o insumo-chave da mudança. Esse insumo da reprodução material da sociedade, a capacidade de criação, foi transformado em insumo do sistema capitalista. Então naquele momento nasceu uma nova categoria sociológica que é uma classe social que não vende força de trabalho, vende energia criativa, vende inovação e se beneficia muito mais dessa relação de troca com o capital do que a classe trabalhadora. Transformaram-se em rentistas do saber. Quanto ao Estado de bem-estar do proletariado, esse vem sendo solapado desde então, vagarosa e continuamente. Basta olhar para a condição do trabalhador imigrante na Europa ou nos Estados Unidos.

Aldo Fornazieri: O capital teve capacidade de capturar a revolução.

FH: Para os seus próprios fins de se reproduzir.

Carlos Melo: O hippie vai se perdendo aos poucos e vai dando espaço ao yuppie nos anos 1990. Mas uma questão que remete à crise que se acentuou em 2008: diante desse poder absurdo do capital internacional, desse sistema de que Wall Street é um símbolo apenas, o senhor imagina algum tipo de possibilidade de avançarmos para algum controle diante desse capital que é transnacional? Os Estados nacionais estão capitulando cada vez mais por falta de força diante desse sistema. Basta ver a campanha do Obama, quando ele assumiu compromissos de enfrentar essa questão da desregulamentação e depois acabou apoiando os mesmos personagens que estavam no centro da crise de 2008.

FH: Você sabe que no final dos anos 1990 eu escrevi um texto dizendo que a solução para a crise que viria não passava por políticas keynesianas clássicas, porque elas não dariam conta do fenômeno que estava acontecendo. A solução da crise cíclica que se abria deveria passar por um novo tratamento do sistema financeiro. Um maior controle, uma maior centralização dos fluxos financeiros. As políticas keynesianas clássicas não foram desenhadas para aquela nova realidade. Pois bem, nós perdemos essa oportunidade em 2008. Em 2008, estavam dadas as condições objetivas para uma tomada de decisão importante sobre o sistema financeiro. E o que foi feito? O *establishment* decidiu que não importavam o tamanho e a natureza da trapalhada dos bancos privados, o prejuízo seria socializado. A resposta que os governantes deram à crise financeira foi a pior possível.

Carlos Muanis: Sinalizando que o capitalismo desregulado vai continuar...

FH: Outro caminho seria subordinar essa dinâmica totalmente desregulamentada e irresponsável de criação de bolhas especulativas, com derivativos e derivativos de derivativos, a regramentos de transparência e nova governança, já que, na modernidade, o sistema de crédito tem uma dimensão pública inescapável. Essa aposta, infelizmente, não prosperou. Efetivamente, a decisão política que foi tomada mantém as portas abertas para a irresponsabilidade. O que prevaleceu foi a política do terror, a retórica do terror: "ou isso ou uma crise maior." O Estado de bem-estar europeu e sua dimensão comunitária alargada sucumbiram ao mais descarado rentismo.

Carlos Melo: A sua visão sobre a crise financeira é muito parecida com a visão do ex-presidente Fernando Henrique Cardoso. Quero aproveitar a oportunidade para perguntar: Qual o diálogo possível com uma figura como o ex-presidente Fernando Henrique? Dentro dessa perspectiva, de política mais ampla, é possível um diálogo entre os campos representados pelo PT e pelo PSDB?

FH: No plano pessoal, não tenho nenhuma dificuldade com o ex-presidente Fernando Henrique, pelo contrário. Trata-se de um político que faz parte da história do Brasil e de um intelectual importante. Suas reflexões sobre escravidão e capitalismo foram relevantes na minha trajetória intelectual. Minhas análises de juventude sobre despotismo oriental e capitalismo e minha abordagem recente sobre patrimonialismo e capitalismo têm como pano de fundo as formulações de Marx sobre a escravidão moderna e de Engels sobre a chamada segunda servidão, as primeiras muito bem exploradas por FHC e seus contemporâneos. Dessa perspectiva teórica, ficou mais fácil estabelecer a conexão entre acumulação primitiva e patrimonialismo. Nas condições locais, a caracterização de primitiva não se refere a prévia, primeva ou original. Nossa originalidade reside no fato de que aqui a acumulação sempre foi primitiva, ou seja, brutal, atrasada e tosca. Mas, no plano político-partidário, PT e PSDB representam projetos distintos muito personificados nas figuras de Lula e de FHC. E o PSDB ainda tem dificuldade com dois componentes constitutivos da Nação: o território e o povo (risos).

Aldo Fornazieri: Só para aumentar a provocação do Carlos, quero observar que no México nós tivemos agora, recentemente, a posse do novo presidente — Henrique Peña Nieto —, que é do velho Partido Revolucionário Institucional (PRI). Lá, além do PRI, existem dois outros partidos importantes: um de direita, o Partido da Ação Nacional (PAN), e outro de esquerda, o Partido da Revolução Democrática (PRD). As três forças se digladiaram de forma muito dura nas eleições presidenciais de 2012. No entanto, a partir da posse do novo presidente, os três partidos fizeram um Pacto pelo México, com o objetivo de elaborar e votar um grande projeto de reformas estratégicas. Não haveria aqui talvez a necessidade de se fazer um Pacto pelo Brasil,

envolvendo as várias forças políticas que colocassem um programa de reformas acima dos programas partidários?

FH: O Brasil não tem tradição de separar questões de Estado de questões partidárias, e, sem dúvida, necessita de um programa de longo prazo de políticas estratégicas: infraestrutura, educação, previdência etc. Mas aí é preciso retomar o tema do patrimonialismo e da fragmentação. Com a intervenção recorrente desse problema na vida política, é como se não houvesse a possibilidade de se perguntar sobre as questões de Estado. Por que isso? Porque nessa questão, quando se fala de Estado dentro dessa perspectiva, o que se recoloca é aquela dimensão comunitária a que já me referi. Existe uma dimensão comunitária que clama por providências, mas que os partidos não são capazes de resolver por conta de seu aprisionamento na jaula patrimonialista da fragmentação dos interesses.

Como enfatizei anteriormente, a dimensão comunitária do Estado no Brasil está duplamente subordinada: está subordinada, como em qualquer outro Estado capitalista, à lógica da reprodução do capital; e, diferentemente de outros Estados nacionais, está subordinada também à lógica da fragmentação dos interesses que fazem do Estado brasileiro uma agência capturada por grupos particulares. Como frisou Raymundo Faoro, aqui não há lobby, mas *"a posse direta do aparelhamento estatal por camada dirigente que atua em nome próprio"*. Assim, a política de Estado, no caso brasileiro, é como se fosse algo impenetrável, não encontra espaço, e ninguém sabe muito bem o que significa. Se já é difícil enxergar isso em um país capitalista desenvolvido, porque a dimensão comunitária do Estado sempre é subalterna, imagine como ela aparece nas condições brasileiras, ante nossa dificuldade histórica de construir um sentido de nação.

Carlos Muanis: Então existe quase que uma impossibilidade de dar um salto para a dimensão comunitária?

FH: Existe uma grande dificuldade, não uma impossibilidade. Ocorre que as camadas sociais que não participam do grande jogo político mimetizam esse comportamento, inclusive a esquerda. Isso vale para os sindicatos, vale para a cultura. Ou seja: vale para os mais diversos setores sociais. O mimetismo aprisiona as políticas sociais à lógica da fragmentação. O patrimonialismo aprisiona inclusive a mente de pessoas progressistas. Tomemos o caso dos novos movimentos sociais. Não afastaria jamais a possibilidade de uma pessoa dedicar a vida a uma causa setorial, seja moradia, saúde, educação ou passe livre. Isso por si só não posiciona ninguém no espectro ideológico, embora esses temas sejam relacionados aos direitos sociais, o que já tem algum mérito. Contudo, muitas dessas pessoas rejeitam o conceito de totalidade, sobretudo em decorrência da associação fácil de abordagem totalizante a práticas totalitárias, o que é um sentimento compreensível. Mas, para muitas delas, isso serve de pretexto, ainda que inconsciente, para transformar sua "causa" em patrimônio do "seu movimento", não importam as consequências que isso venha a ter para todos os demais movimentos.

Trata-se de uma típica disputa patrimonialista pelo imaginário — ou por um bom convênio (risos) — que se insere no campo conservador pela *forma*, e que, obviamente, reforça a "totalidade realmente existente". Para angariar simpatia e solidariedade, adota-se a retórica da predominância da política sobre a técnica, recusando-se qualquer consideração global de ordem material. Na prática, o movimento "político" inverte-se na não política pela negação não apenas da representação popular, mas da própria participação popular e do planejamento democrático delas decorrente. A vitória é a da melhor tática, e, curiosamente, os não vitoriosos, por não poderem assumir publicamente a perda de protagonismo, são obrigados a se resignar.

Para piorar as coisas, hoje não há no Brasil uma vanguarda estética, e sem uma vanguarda estética não se consegue conceber utopias, já que a arte é fundamental para alargar os horizontes utópicos de uma sociedade ou denunciar seu estreitamento. A lei Rouanet e a gestão dos recursos do chamado Sistema S são expedientes do patrimonialismo na cultura. O financiamento empresarial das campanhas políticas, uma espécie de lei Rouanet dos partidos, quase fecha o cerco, que se completa com o regime de concessão dos meios de comunicação. No país da propriedade cruzada dos meios de comunicação nós inovamos: criamos o emprego cruzado. Descobrimos que os donos dos veículos têm os mesmos *alter egos*. Além disso, a degradação qualitativa da radiodifusão é notória. A programação é de uma mediocridade a toda prova. Quanto aos jornalões, só reforçam os estereótipos do passado.

O governo Lula promoveu a maior reforma educacional desde Capanema, e eu passei dois anos pautado por temas impostos pela incultura desses veículos: "kit-gay", "livro que ensina errado" e "furto do Enem". Uma verdadeira humilhação para a comunidade LGBT, os estudantes jovens e adultos com defasagem de aprendizado e os técnicos do

Inep, aliás, o melhor instituto de pesquisas educacionais do mundo. Quanto às emendas constitucionais que aprovamos e à centena de leis e decretos que deram forma aos 40 programas e ações da mudança, do piso salarial do magistério ao Ideb, do Fundeb ao ProUni, da expansão da rede federal de universidades e escolas técnicas ao Pronatec, do Proinfância ao Ciência sem Fronteiras, tudo só será eventualmente resgatado no futuro por historiadores de boa-fé, que andam meio sumidos (risos). Diga-se de passagem que a opinião "ilustrada" dos "intelectuais" ou "especialistas" escalados e celebrados pela chamada grande imprensa é de dar dó.

Aldo Fornazieri: Se eu analisasse isso que você está dizendo como cidadão, a perspectiva que você nos dá é bastante cética em relação a uma possibilidade de uma melhora relativamente rápida, num futuro próximo, do Brasil.

FH: Sou pessimista com a inteligência, mas otimista pela vontade de fazer, atuar. Sendo muito sincero, o quadro de mudança acelerada que tivemos durante o segundo governo Lula pode não se repetir tão cedo. Há uma chance de que venha acontecer no segundo governo Dilma. Dilma não colheu tudo o que plantou. Assim como aconteceu com seu antecessor, Dilma tem grande chance de realizar um segundo mandato muito melhor do que o primeiro.

Carlos Melo: Esse momento de mudança se dá só nos últimos dez anos ou se dá em 18 anos, num processo que vem lá de 1993 e 1994?

FH: Eu não considero 1994 um marco histórico. De 1994 a 2002, todos os indicadores de distribuição de renda permaneceram inalterados. Sendo esse nosso principal problema... Recuaria um pouco mais: 1988. A Constituinte. O que vem imediatamente depois, a partir de 1989, é a tentativa de evitar que os preceitos constitucionais se tornassem realidade. A tensão permanente entre a vontade popular, em grande medida expressa na nova Carta, e a ação governamental, no caminho contrário. Vivemos o paradoxo de uma Constituição "meio trabalhista" ou "meio social-democrata" recém-saída do forno, e uma avassaladora quadra neoliberal, ou neoconservadora, como prefiro chamar. Para Lula e o PT, esse processo é ambíguo: de um lado, ele bloqueia a chegada de Lula à Presidência; de outro, cria as condições de amadurecimento para a vitória em 2002. A vitória de Lula é, em grande medida, a reafirmação do poder constituinte. E seu governo é a expressão desse poder. Sua aprovação recorde e talvez insuperável deriva do fato de que os de baixo se viram representados pela primeira vez, com décadas de atraso.

Carlos Melo: Depois desse processo todo que se inicia lá em 1988 com a nova Constituição, qual é o desafio agora?

FH: Vejo três cenários. O primeiro cenário, improvável, é o de derrota de Dilma em 2014. Seria um enorme retrocesso do ponto de vista social e, acredito, institucional. Os controles não funcionam contra governos do PSDB, o que ajuda a explicar sua fraqueza. A imprensa, o MP, o Judiciário, os Tribunais de Contas etc. têm dois ritmos e duas métricas. A seletividade da ética jornalística salta aos olhos. Ela parece tão arbitrária quanto o polegar de César, mas é sempre previsível. Os que representam os de baixo são tratados como os de baixo, ainda que cultos ou brancos ou até mesmo ricos. Ao contrário, os controles simplesmente não funcionam em relação a governos tucanos.

A derrota de Dilma seria o resultado de um fato "novo", que, na minha opinião, os meios de comunicação de massa tentarão produzir. Em caso de sucesso, um certo sentimento de revanche se tornaria ainda mais agudo e, penso, seria a marca de um governo das oposições. Esse governo teria um único objetivo: desconstruir Lula.

Um segundo cenário, menos provável ainda, é o de uma ampla coalizão de forças em torno de um projeto global de sociedade de caráter emancipatório. Isso passa pela discussão que estávamos fazendo sobre o significado de 1968. Porque, se olharmos bem, muitos dos que vão para as ruas terminam aderindo ao sistema em torno de interesses específicos. A pergunta que cabe fazer nessa direção é a seguinte: é possível canalizar essa energia que se expressa nas ruas nesse momento histórico para um projeto de sociedade, cujas bases possam ser discutidas no sentido de um projeto mais universalizante, sem a fragmentação que nos aprisiona?

É passível que os chamados novos movimentos sociais, que a literatura sociológica discute desde os anos 1980 — os verdes, LGBT, mulheres, negros etc. — se reúnam na perspectiva de um projeto global de sociedade se não emancipada na sua inteireza, ao menos que aponte nessa direção? Não sou otimista quanto a essa possibilidade. Veja que a crise sistêmica de 2008 não foi pequena, e a esquerda mundial não foi capaz de se apresentar, em nenhum lugar, com um projeto emancipatório que dialogasse com demandas geradas pela crise e com antigas demandas mal resolvidas.

O terceiro cenário é o mais provável: vitória de Dilma. Dilma, assim como todo governante petista, continuará no pelourinho midiático, mas, se as oposições não conseguirem produzir um incidente, ela ganhará. Contudo, Dilma tem um enorme desafio: fazer um segundo governo melhor do que o primeiro. Para isso arrisco um programa mínimo: programas sociais 3.0, com ênfase metropolitana, aprofundamento da agenda microeconômica, com destaque nos marcos regulatórios, e política macroeconômica previsível e capaz de desamarrar totalmente o investimento público.

De qualquer forma, não há no Brasil uma alternativa consistente ao PT. O PT, por incrível que pareça, continua sendo a novidade. Mas deve se cuidar porque até aqui contamos com a ajuda de uma oposição acomodada. Isso ficará para trás rapidamente, e nós teremos que nos reinventar para não perecer.

Parte 3

Aldo Fornazieri

A trágica normalidade e a crise de liderança: política como análise e reflexão

Apresentação de Moisés Marques

Em uma tarde tipicamente paulistana, resolvemos transformar nosso parceiro de empreitada, Aldo Fornazieri, em artífice de reflexões sobre os temas que nos inquietam. Não que isso não estivesse previsto no projeto original, mas aguardamos o momento correto para que pudesse ocorrer.

No dia 27 de maio de 2013, a Fundação Escola de Sociologia e Política de São Paulo, da qual Fornazieri é o diretor acadêmico, completou oitenta anos de existência, com a presença de seus ilustres ex-alunos e a palestra de seu ex-presidente do Conselho, Fernando Henrique Cardoso. Coube ao nosso colega Aldo a honra de estar à frente da área acadêmica da antiga instituição paulistana exatamente naquele momento.

Personagem vivido na militância política, Fornazieri sabe do que fala, afinal deu também sua contribuição, como estudante e professor, para o processo de construção política do Brasil atual. Sua formação múltipla em Física, Filosofia e Ciência Política faz dele um analista arguto e não convencional da conjuntura atual, não somente brasileira, mas do mundo como um todo.

Pois bem, marcamos de nos encontrar no velho casarão da FESPSP, de tantas histórias e por onde passaram personagens marcantes de nossas ciências sociais, como Florestan Fernandes e Darcy Ribeiro, e de lá nos dirigimos para uma sala aconchegante no quarto andar do "prédio novo", como é denominada a construção que arquitetonicamente se integrou perfeitamente ao casarão, justamente durante esse período em que Fornazieri está à frente da diretoria acadêmica da instituição.

Aldo continua a todo vapor, escrevendo e sendo entrevistado por jornais e periódicos, debatendo abertamente seu ponto de vista sobre o Brasil atual, sobre as manifestações de junho de 2013, sobre os rumos da política nacional, ajustando isso com a administração acadêmica dos alunos de sociologia e política, biblioteconomia e administração, além dos outros tantos cursos de pós-graduação da instituição.

Durante quase duas horas, embora tivéssemos um roteiro preconcebido para cada um dos nossos entrevistados, Fornazieri nos brindou com uma análise muito particular e bem fundamentada, que mistura seu republicanismo com a utilização tão pouco comum no mundo atual dos clássicos da política, como Maquiavel, Locke, Hobbes, Hegel, Kant e tantos outros, nos permitindo lembrar que, sem os clássicos, justamente no ano em que *O Príncipe* completa cinco séculos, não nos seria possível analisar cientificamente a política atual.

A entrevista é multitemática e trata de assuntos como o conceito de política, o ativismo na internet, a crise da democracia contemporânea, a natureza humana e a necessidade de limites, a incapacidade de construir sentidos coletivos, a falta de alternativas políticas e a crise da "esquerda", a judicialização da política, os limites do programa implementado pelo PT, a matematização das ciências sociais, a necessidade de produção de uma ciência social orientada para a solução de problemas da sociedade etc. Foi, de fato, uma conversa política no sentido mais geral do termo.

Mas a entrevista tem uma proposição mais profunda: resgatar o debate sobre a ideia de que se perdeu, na contemporaneidade, a percepção do sentido trágico da existência humana e da própria política. Essa perda enfraquece a perspectiva da urgência nas ações governamentais, desarticula a prudência dos governos e leva a que não se faça o que deve ser feito. Fornazieri, no seu costumeiro ceticismo, nos chama a atenção sobre a "trágica normalidade" da realidade brasileira, identificada nas cerca de 100 mil mortes anuais provocadas pelo trânsito e pela violência, na desigualdade e na precariedade dos serviços públicos. A perda da percepção da nossa trágica normalidade fez com que a naturalizássemos, sem constituir preocupações e capacidades para enfrentá-la.

Articulada com essa ideia da trágica normalidade está a tese da crise de liderança política. Tomando por base categorias analíticas de Maquiavel, Aldo nos dá algumas pistas sobre as causas dessa crise e afirma que os políticos atuais não são capazes de perceber a ocasião propícia que se oferece para produzir um momento histórico excepcional que levaria o Brasil a dar um salto rumo ao futuro.

Sendo assim, eis aí o produto dessa conversa franca e direta, em que não faltaram análise e alguma dose de polêmica, mas também de tudo um pouco se discutiu. Falamos da política, da ação política, do Brasil, do mundo, das novas formas de militância, do papel das chamadas redes sociais e, como não poderia deixar de ser, das ciências sociais.

Algo que salta aos olhos, em uma leitura maquiaveliana da entrevista de Aldo Fornazieri, é que a política não se faz sem a realidade, e pensá-la faz-nos ter de esquecer um pouco o dever ser e tentar partir de como ela realmente é. Boa leitura!

A entrevista·

Carlos Melo: Queremos uma reflexão sua acerca do seu entendimento a respeito da política, da ação política e do descrédito atual da política. Há uma crise de representação política, uma crise da democracia?

ALDO FORNAZIERI: A política é uma ação, uma atividade humana específica. Historicamente, entende-se que ela teve origem no mundo grego antigo, principalmente relacionada à questão da segurança de um grupo, de uma comunidade de indivíduos. Os indivíduos, nômades ou fixos, imersos em conflitos por alimentos e terra, precisavam de um líder que construísse as condições de proteção e segurança. Quando esse líder garante esse bem, ele é merecedor da confiança e do reconhecimento. A garantia da segurança do grupo está nos primórdios das organizações políticas, é um dos primeiros bens públicos, e persiste como tal até hoje. Os primeiros grupos que se organizaram e criaram instituições buscavam, fundamentalmente, a segurança. Ali surgem sociedades tribais e gentílicas. Quando se percebe que as instituições são fruto das ações e das racionalizações humanas — não de deuses e de seres superiores —, orientadas para atender necessidades e interesses, então nasce a política. As religiões pagãs antigas, evidentemente, tiveram sua importância na descoberta da política como uma atividade humana específica.

A política surge como uma ação orientada para garantir bens públicos comuns a toda a comunidade. Garantir bens públicos acompanha a trajetória das sociedades humanas, e as ações implicadas nesses objetivos passam a requerer determinadas virtudes. Entendo que a primeira virtude, aquilo que Maquiavel mais tarde vai chamar de *virtù*, é a coragem. Como é que se processa essa ligação entre uma virtude e um bem público, no caso a segurança? Para dar segurança a um determinado grupo, alguém tem que ter a coragem de liderá-lo, o que implica desprendimento e serviço à comunidade. Consequentemente, a política também surge com a noção de liderança. Nesse sentido, aquele que tem coragem, que tem essa virtude, lidera e procura satisfazer, agregar, unir e garantir um bem público ao grupo. Depois, nos outros contextos mais complexos, principalmente já no mundo grego, vão surgir vários bens públicos, que Aristóteles vai chamar de fins éticos. As modalidades de ação a eles concernentes se multiplicam. Ações que irão buscar a criação de uma institucionalidade. Quer dizer, o desaguadouro da virtude primeira, que é a da coragem, e das demais virtudes, serão as instituições orientadas para garantir vários bens públicos.

E nessa construção das instituições, o que está em jogo? Está em jogo, fundamentalmente, a noção de limite. Por que os seres humanos se organizam e também criam instituições limitadoras? Porque, se nós olharmos toda a história da humanidade, podemos dizer que é uma história que vem acompanhada pela violência e pelo horror. As instituições políticas servem para controlar e limitar essa violência, esse horror, e procuram dar um sentido, que são esses fins éticos. Julgo que hoje se perdeu, em boa medida, a noção de limite que acompanhou a trajetória da construção das instituições. Quando os seres humanos perdem a noção de limite, voltam, de certa forma, para o espírito de horda primitivo.

A natureza humana traz consigo potências primevas que permanecerão ali, sempre prontas a se manifestarem, mesmo que de formas diversas na história. O processo civilizatório não as elimina. A violência é uma delas, e esse espírito de horda primitivo pode ser traduzido hoje na questão do consumo. Nós estamos sempre propensos a retornar a algumas determinações naturais, postas em nossa ancestralidade. Por mais que tenhamos construções sociais, políticas e morais ao longo da história, não temos garantia de uma continuidade reta, no presente e no futuro, no sentido civilizatório. As potências do egoísmo e da violência estão sempre postas.

Nós vivemos em um mundo — e acho que essa é uma das razões importantes da crise que está aí — em que perdemos a capacidade de construir uma noção de sentido e de destino comuns às comunidades políticas. Essa noção está sempre relacionada com a questão ambivalente das possibilidades e dos limites. As utopias redentoras, quase sempre desprovidas da ideia de limite, são perigosas e geralmente levam à violência como meio de sua realização. Nós temos que perceber que existe um limite na vida, nas relações interpessoais, um limite na Terra, um limite das condições materiais da reprodução da existência. Nós vivemos em um mundo finito, e, de certa forma, não lidamos bem com essa noção de finitude do mundo e da vida. A própria crise ambiental está relacionada à perda de sentido e da noção de que nós temos que ter limites na existência.

Nesse sentido, o que é a crise da política do mundo de hoje? Eu entendo que ela tem duas dimensões: uma dimensão valorativa, moral, e uma dimensão institucional. Na dimensão de valores, qual é o grande problema? Nós rompemos com a unidade e com a continuidade do conceito de humanidade. Tocqueville já havia percebido isso no século XIX, quando falava no rompimento da seta do tempo. O que é romper a seta do tempo? Significa que a mudança ocorre pela descontinuidade. Não temos mais conexão com o passado e passamos a viver um presente absoluto. Isso põe em risco o futuro. É nesse sentido que perdemos a dimensão da continuidade na história. Quando fazemos isso, vivemos num presente absoluto e não somos capazes de ter compromissos com as gerações futuras. Nesse presente absoluto, não somos capazes de dimensionar as consequências das nossas ações e perdemos a capacidade de aprender as lições do passado. Essa é uma dimensão da crise de valores que vivemos, o que configura uma importante dimensão de crise civilizatória.

Essa crise se espraia para outras dimensões. Por exemplo: julgo que, hoje, as noções de justiça e de igualdade estão enfraquecidas. O próprio Tocqueville identificava a democracia com valor da igualdade. Eu perguntei, em uma sala de aula, o que a democracia significava. A resposta esmagadoramente majoritária dos alunos foi "liberdade". Mas, ao que parece, hoje, nós não vivemos uma liberdade balizada por um sentido comum e delimitada pela autoridade da lei e pela ideia de limite. O que temos aí é uma liberdade capitalista pós-moderna relacionada a um consumismo e a um hedonismo fugaz e a práticas econômicas predadoras.

Quanto à dimensão institucional, que não deixa de ter conexão com a dimensão moral, é esse mal-estar que existe com a democracia. Essa dimensão tem três elementos. O primeiro está relacionado à captura e à blindagem que as democracias ocidentais sofreram. Trata-se de democracias capturadas pelo capital financeiro especialmente, e pelo grande capital de modo geral. As soluções que foram dadas pelos governos dos Estados Unidos e da Europa para as crises financeiras e para as crises das dívidas que vêm se prolongando desde 2008 são evidências dessa captura. Os causadores da crise não foram punidos. A crise financeira foi expressão de uma crise moral, da exacerbação do egoísmo e da ambição, e revelou aquela falta de limites de que falamos antes. Muitos causadores da crise terminaram sendo premiados pelos governos. Quem pagou o preço foram o funcionalismo público, os aposentados, aqueles que ficaram desempregados e os direitos sociais. Isso evidencia um apodrecimento moral da política.

Quanto ao aspecto da blindagem, o que vem se evidenciando é que os governos ficaram insuscetíveis às pressões das ruas. Milhões de pessoas foram às ruas nos Estados Unidos e na Europa para pressionar por soluções menos traumáticas para as crises e não foram atendidas. Os governos e os parlamentos adotaram as medidas preconizadas pelo FMI, pelos bancos centrais ou pela União Europeia. Onde estão os Occupy Wall Street e os Indignados da Espanha? Mesmo aqui, no Brasil, os protestos de junho de 2013 se depararam com uma blindagem dos partidos e dos políticos, que não se mostraram suficientemente suscetíveis às manifestações nas ruas.

O que se vê hoje é uma indiferenciação dos partidos e dos políticos. Inimigos de ontem confraternizam hoje. Quer dizer, aqui no Brasil, particularmente, aperta-se a mão indistintamente. Aceita-se a volta do Renan Calheiros, aceita-se o Marcos Feliciano como presidente da Comissão de Direitos Humanos e todo mundo se sente blindado. A consequência disso é o desencanto com a política, principalmente por parte da juventude. O realismo político é necessário, mas ele não pode virar um vale-tudo, sob pena de se levar a política para o campo da imoralidade. Então, o poder, e esse fenômeno não ocorre só aqui no Brasil, se sente completamente blindado em relação à opinião pública e em relação às pressões das ruas.

O único momento que sobrou nos últimos tempos para que a população promova alguma mudança é o momento do voto. Mas veja o seguinte: o que ocorre ali? No momento do voto, na medida em que há uma indiferenciação dos partidos e das ideologias, o eleitor é obrigado a escolher alternativas que no fundamental são iguais. Não existe uma grande diferença entre o Partido Operário Socialista Espanhol e o Partido Popular. O partido do Sarkozy e o Partido Socialista da França. Na Alemanha, agora, em 2014, os conservadores da União Democrata Cristã (CDU) e os progressistas do Partido Social-Democrata (SPD) estão unidos sob a batuta do governo de Angela Merkel. Qual a diferença estratégica entre o PT e o PSDB? A opção pelo social e a opção pela estabilidade? Não está muito claro. Essas duas linhas podem se interseccionar. A indiferenciação também é um elemento que favorece a blindagem dos políticos hoje. O impasse entre as demandas sociais e as ações de governos sinaliza para a necessidade de buscar outras formas de ação, outras formas de organização e outras formas de participação política. Mas esse impasse só será rompido pela radicalização nas ruas. Penso que somente os protestos nas ruas podem estabelecer um novo equilíbrio político e material.

O segundo elemento da crise de representação está relacionado à capacidade operativa dos governos, que vem se mostrando falha. Os governos não só não são capazes de se antecipar ao advento de problemas futuros como não são capazes de produzir soluções satisfatórias para os problemas do presente. Existe uma espécie de crise de governança. No Brasil, isso é evidente quando olhamos para os serviços públicos que são prestados à população. O drama da saúde pública, a precariedade do transporte público, a falta de segurança e a má qualidade do ensino são exemplos daquilo que estou falando. Os serviços concessionários são de qualidade muito ruim, e o Estado não tem capacidade reguladora e fiscalizadora. Há uma trama perversa também entre concessionárias e empreiteiras — o financiamento de campanhas — com o poder público: esse procedimento constrange a fiscalização de serviços e promove tarifas exacerbadas e corrupção.

O terceiro elemento tem um conteúdo positivo. Como se sabe, a democracia moderna, que nasce com as revoluções norte-americana e francesa, tem sua característica principal na representação. Há uma percepção mais ou menos disseminada de que a forma de representação, a democracia representativa, está em crise. Para alguns estudiosos, desde 1945 estaria surgindo um novo tipo de democracia que se fortaleceu, sobremaneira, no final do século passado e nos primeiros anos do século XXI. Trata-se da denominada democracia monitória. Nos últimos tempos teriam surgido inúmeros organismos, plurais, sociais e políticos, de escrutínio e monitoramento do poder, tanto do poder supranacional, quanto do poder nacional, regional e local. Esses monitores quebraram o monopólio do discurso político dos partidos, dos políticos e do parlamento. O discurso desses atores, quase sempre ambíguo e manipulatório, é confrontado por um discurso direto e mais transparente dos monitores. Isso está fazendo com que políticos, partidos e parlamentos sejam vistos com desconfiança crescente, resultando em perda de legitimidade e de representação. A democracia monitória ajudaria a alargar as práticas democráticas na sociedade, inclusive na esfera econômica, e cobraria condutas e regras mais transparentes ao poder político, tendo este que se explicar quanto à corrupção e à ineficiência. Assim, a democracia monitória seria responsável pelo desprestígio das instituições e dos atores principais da democracia representativa. Isso não quer dizer que esta desaparecerá, mas que terá que se redefinir.

Carlos Mello: Você falou sobre limites. Pelo que entendi, é a política que vai estabelecer esses limites todos. O limite da liberdade, a democracia estabelece liberdade, mas dentro dos limites, de tal forma que a igualdade também se estabeleça diante desses limites. O que eu entendi é que não há mais limites, porque a política não faz mais essa negociação de limites. É isso? E se não há esses limites, não há política. Então, como você pode ter democracia sem política?

AF: Veja o seguinte: Entendo que a primeira noção de limite surge porque o ser humano tende naturalmente à violência na vida comunitária ou nas relações intergrupais. Os primeiros grupos humanos eram grupos violentos, uns perseguiam os outros, e dentro do próprio grupo existia violência. Isso continua até hoje. Por que surge a instituição? A instituição surge para pôr um limite ao poder destrutivo que existe na própria natureza humana. Essa é primeira noção de limite. Evidentemente que, na medida em que as sociedades se tornam mais complexas, a necessidade de limites aumenta. As sociedades complexas, com o surgimento da democracia (Grécia) e da república (Roma), tendem a aumentar o grau de liberdade humana, o que exige maior calibragem entre essa liberdade e os limites que se expressam fundamentalmente na lei. Por exemplo, se você for ver os federalistas norte-americanos, particularmente o Hamilton e o Madison, eles tinham uma clara consciência de que a liberdade só pode sobreviver com autoridade. No momento em que você perde a noção de autoridade e perde a noção de limite, o limite da lei, você já não vive mais uma liberdade porque se imporá o arbítrio e prevalecerá o mais forte.

Que liberdade nós vivemos hoje? É uma pergunta que tem de ser feita! Qual é a qualidade da nossa liberdade? Podemos dizer que graus de liberdade aumentaram sem que houvesse uma contrapartida na regulação, nos limites. A par disso, nos mercados sem regulação, prevalecem o arbítrio e a força. Ingressamos numa espécie de capitalismo anárquico pós-moderno, no qual, em alguns setores, principalmente no consumo e na relação predadora para com a natureza e no domínio do capital financeiro e do capital transnacional, perdemos a noção de limite. Por outro lado, nos tornamos prisioneiros de uma falsa liberdade. Trata-se da suposta liberdade que nos é oferecida pela tecnologia da informação. Se olharmos mais de perto nossa relação com a tecnologia, podemos perceber que nos tornamos prisioneiros dos suportes técnicos e informacionais, quer dizer, nos reificamos na técnica. E isso é liberdade?

De fato, não há democracia sem política. Parece-me que a recuperação da política, imbricada com a recuperação de uma democracia republicana, está relacionada a uma redefinição entre os interesses privados e o interesse público, com a reafirmação da primazia do último, com a busca de novas formas do sistema de mediação entre instituições políticas e interesses sociais e com a construção de capacidades de definir sentidos das comunidades políticas particulares e sentidos comuns à humanidade.

Carlos Muanis: Essa crise que está aí e essa orientação excessiva para o consumo representam uma volta ao estado de natureza?

AF: É algo do gênero. O Anthony Giddens tem uma frase muito interessante. Ele diz mais ou menos o seguinte: quando nos movemos simplesmente para satisfazer as nossas necessidades imediatas, que é o mundo do consumo, estamos próximos da condição animal. E, de certa forma, nos tornamos irreflexivos, nos tornamos sociedade sem espírito, nos tornamos sociedade da técnica reificada e reificadora, prisioneiros do consumo e do hedonismo fugaz.

Acho que estamos próximos da condição animal, na medida em que perdemos a dimensão da espiritualidade, da cultura e da civilização da existência humana. Perdemos a capacidade de construir sentidos para a nossa vida comum, que é a tarefa fundamental da política. Essa é uma dimensão da crise da política. A política deve ser capaz de construir sentidos coletivos e de articular limites coletivos para que a vida seja adequada na liberdade, na igualdade, na justiça e no equilíbrio.

Moisés Marques: Duas questões: como o senhor vê, a partir dessa sua reflexão sobre política, o que está acontecendo em vários países: as pessoas estão indo para as ruas se descolando da representação, existe um distanciamento entre a política partidária, a política parlamentar, congressual, os poderes executivos e as ruas. Há, de fato, uma crise? E qual a saída disso? As pessoas vão às ruas, elas demandam, mas aparentemente os parlamentos decidem a despeito das ruas. A segunda questão embutida nessa é: há, na sua percepção, uma crise de liderança também? Estamos no século XXI com deficiência de lideranças políticas que consigam transformar recursos dispostos em situações políticas interessantes? Isso existe?

AF: Em primeiro lugar, podemos olhar para essa questão das ruas. Como observei antes, os poderes, mesmo nas democracias, estão capturados e blindados. Não são apenas os poderes das ditaduras e das monarquias do mundo árabe ou o poder chinês, entre outros regimes autocráticos, que estão blindados pela força e por instrumentos legais de legitimidade duvidosa. Os poderes democráticos ocidentais também criaram escudos protetores, blindagens que os tornam pouco permeáveis às pressões sociais. Mas surgem sinais e evidências de que as sociedades chegaram a um limite de suportabilidade dessas blindagens. O crescimento das manifestações de rua em vários países, confrontos e rebeliões evidencia esse esgotamento.

Uma das razões para essa blindagem decorre do fato de que não existem alternativas políticas efetivas. Por mais críticas que se possa fazer à tese do fim da História do Francis Fukuyama (*O fim da História e o último homem*), o fato é que ele percebeu uma situação muito interessante: com o fim do comunismo, nós chegamos ao fim da luta sistêmica. Nós estamos dentro de um mesmo sistema, e, nesse sentido, todas as possibilidades estão dadas dentro desse sistema. Quando existia uma luta sistêmica, com a presença da União Soviética e do regime comunista, um sistema regulava o outro. Quando um sistema regula o outro e quando há alternativas, o poder é obrigado a fazer concessões para não perder. Hoje nós não temos alternativas e os poderes se sentem absolutos, se sentem blindados porque, a rigor, não se sentem ameaçados por alternativas.

O que aconteceu? Tem um livrinho muito interessante, que eu recomendo aos meus alunos, que se chama *O mal ronda a terra*, do professor inglês Tony Judt, falecido precocemente, que mostra o seguinte: de 1945 a 1970-1975, as sociedades democráticas ocidentais se construíram com a perspectiva de valores: direitos sociais, igualdade, solidariedade, equilíbrio. A humanidade tinha terminado de sair da maior tragédia moderna — talvez a maior tragédia da História, que foi a Segunda Guerra Mundial.

A partir de 1975, e, de certa forma, identificando isso com o advento do neoliberalismo, quebra-se a ideia da igualdade, quebram-se esses valores que haviam sido construídos no pós-guerra e caminha-se para um individualismo extremado, caminha-se para uma busca exasperada do lucro. Descarta-se a necessidade de regulação forte do Estado. O ápice desse caminho é a crise norte-americana de 2008. Que crise é essa? Ela não é uma mera crise de imperícia da gestão econômica pelo Federal Reserve, pelos governos e assim por diante. Ela é, como afirmei antes, fundamentalmente, uma crise moral, uma crise do egoísmo humano. Os agentes econômicos não tinham limite para realizar as suas ambições egoístas. O pano de fundo dessa crise econômica e financeira é uma crise de valores, uma crise civilizatória. É a velha natureza humana descontrolada, sem limites, sem um sentido comum da existência.

Nem os executivos nem várias relações financeiras tinham regulação do banco central americano, o Fed. Bancos e executivos ganhavam fortunas na jogatina financeira e buscavam lucros exorbitantes de forma desmedida. Então, é uma motivação humana que está por trás dessa crise e não meros acidentes de gestão e imperícias governamentais ou de mercado. É isso que tem de ser entendido, é a exasperação excitada do egoísmo ilimitado, da ambição ilimitada. Quando se fala que existe uma crise de limites, na questão essencial, se está falando disso, desse tipo de evento que ocorreu e que está ocorrendo ainda.

Antigamente os seres humanos se destruíam pelas guerras, pela violência. Hoje continuam fazendo isso, mas existem outras formas mais sofisticadas de destruição. E a ambição ilimitada do capital financeiro e do grande capital é uma forma de destruição do convívio humano. É razoável que menos de 1% da humanidade controle 41% das riquezas no mundo? Qual é a saída? É preciso confrontar isso resgatando a primazia do interesse comum, construindo uma comunidade de destino da humanidade e de cada sociedade. Apontar para uma alternativa concreta é difícil, pois não temos alternativas. Vivemos em um sistema único. Podemos apontar algumas medidas necessárias como indiquei antes. Mas quais serão os agentes dessas transformações? Cabe observar o seguinte: o Estado, no *status quo* mundial, aparentemente, tem uma capacidade para absorver os impactos das ruas, dos movimentos sociais. É verdade que alguns regimes caíram. Mas logo a queda vem sucedida por movimentos restauradores como ocorreu no Egito.

Os próprios movimentos das ruas não sabem muito bem o que querem, quais suas plataformas e programas. Isso ficou mais evidente nos EUA, no Brasil, na Espanha e em outros países europeus. As pessoas que estão se lançando às ruas também não têm alternativas abrangentes, elas não sabem para onde ir, qual é o sentido. O que existe são pautas específicas. Enquanto não resolvermos esse problema, essa estrela Polar que guie as nossas ações no presente com uma indicação de futuro, não aparecerá. Navegaremos tateando as ondas violentas, com risco de cairmos nos abismos marítimos. Como as estruturas organizadas de movimentos sociais, a exemplo de sindicatos e partidos de esquerda, foram cooptadas pelo sistema único, o espontaneísmo que se verifica nos protestos é compreensível. Se surgir uma alternativa, ela virá desses novos movimentos sociais e de novas visões e organizações políticas.

Carlos Muanis: Gostaria de explorar um pouco mais sobre a questão do poder. A mudança e a metamorfose

de um poder que estávamos acostumados a pensar, agora concentrado numa especulação financeira, num grande cassino global. Considero que a desregulamentação e a falta de controle dos mercados financeiros estão ferindo de morte a democracia. Os exemplos são muitos. Como ficam os Estados Nacionais, hoje, apequenados diante das políticas que impactam a vida no planeta como um todo? Como lidar com esse poder invisível e salvar minimamente os padrões clássicos da democracia, que na verdade ainda é nossa luta central?

AF: O fato é que a globalização, a existência de transnacionais fortíssimas, a financeirização da economia e a revolução tecnológica provocaram um enorme deslocamento de poder. Na minha visão, o poder está mais concentrado hoje, e não menos, como querem fazer crer alguns analistas. O sistema financeiro, as empresas de tecnologia e as grandes transnacionais com capacidade de operação global concentraram poder. Para se ter uma ideia, das 100 maiores economias do mundo, mais de 50 são empresas. Menos de 10% da humanidade detém 85% da riqueza mundial. O Estado, em toda parte, não é mais uma agência monocrática exclusiva de governo. Existem várias agências privadas ou sociais com as quais o Estado é obrigado a compartilhar a governabilidade. Muitas dessas agências capturam o Estado e o colocam a serviço dos interesses privados. O Estado é cada vez menos neutro e perde conteúdos universalizantes.

Por outro lado, em termos de poder mundial, o mundo se tornou multipolar, mas com uma única potência com capacidade de operação global. Como não existem instituições fortes de governo mundial, a tomada de decisões se tornou muito mais difícil, tanto internamente aos Estados, quanto externamente nas relações entre os Estados. A capacidade coordenadora externa baseada na chave da legitimidade se enfraqueceu nesse contexto. Usa-se a chave da força num mundo que requer mais negociação. E como vivemos em tempos de crise e sem instituições mundiais efetivas, isso induz a que os poderes econômicos privados ganhem espaços de determinação pela sua força de imposição. A força do capital financeiro está imbricada com essa situação. Ela se torna mais forte quando põe os sistemas políticos a seu serviço.

Talvez o surgimento de uma saída passe pelo aprofundamento da crise. Acho que a crise não se aprofundou a tal ponto que dela possam emergir alternativas. As massas, que não fazem parte da ceia dessa democracia, dessa democracia dos ricos, do capital financeiro, deveriam ocupar mais as ruas para agravar essa crise que está aí com vistas a produzir alternativas. A saída para a crise é o surgimento de novas instituições, instituições com uma nova natureza, inclusive instituições de governança mundial. Que instituições são essas, não sabemos muito bem. As instituições da democracia monitória são importantes, porém insuficientes para dar conta do problema do poder e da construção de alternativas ao que está aí.

Tem surgido esse debate em torno do problema da horizontalidade e da verticalidade na política. Esse debate não é recente, já foi realizado no passado e se remete para as experiências das democracias gregas, principalmente da democracia ateniense, da república romana, das repúblicas que surgiram no norte da Itália na Idade Média e, depois, no ápice desse processo todo que ocorreu com a Guerra de Independência e a aprovação da Constituição norte-americana. O debate e a aprovação da Constituição dos EUA constituíram o último grande momento histórico do republicanismo democrático. A partir daí vai se produzir uma virada liberal rumo à verticalização do poder. As democracias de massa do século XX e a universalização do voto não representam, em termos de uma participação efetiva no exercício do poder, uma recuperação ou ampliação da horizontalidade política. Chegamos ao século XXI com uma verticalização abrangente e com perda substantiva da participação horizontal dos cidadãos no poder.

Claro que existem ainda espaços horizontais de participação, mas eles estão extremamente enfraquecidos no que diz respeito às decisões do poder, produzindo baixos impactos resolutivos. As repúblicas democráticas modernas têm uma característica inteiramente diferente das democracias e repúblicas antigas: a exclusão da participação popular no exercício direto do poder. Há uma diferença entre participar do poder e decidir no poder. Os federalistas tinham uma consciência clara dessa diferença. A democracia moderna se define pela representação pura. As democracias antigas combinavam decisões horizontais compartilhadas em assembleias e conselhos com decisões verticais através de vários tipos de magistraturas.

Então, me parece que é preciso retomar esse debate com a seguinte perspectiva: como você constrói um sistema democrático que articule e combine o poder vertical com o poder horizontal. Não é apenas uma questão de participação política popular. É uma questão que diz respeito a quem decide. Evidentemente, é preciso continuar aprofundando a participação e o controle social sobre o poder representativo. Mas essa equação tem de ser refeita introduzindo o problema de quem decide.

Por outro lado, sou cético em relação às visões autonomistas que dizem que o poder tem de ser exercido de forma autônoma, na rua. Ninguém fica permanentemente na rua mobilizado para exercer o poder autônomo. As pessoas precisam dar conta das suas necessidades, do seu trabalho, de suas rotinas. Então, é preciso buscar saídas institucionais do ponto de vista de uma nova equação da democracia. Do ponto de vista dos poderes mundiais, a coisa é muito mais difícil porque, como o próprio Fernando Henrique Cardoso disse na entrevista que fizemos, não surgiram novas instituições concernentes ao mundo globalizado. Aquelas que surgiram mais recentemente, como o G20, que tem um caráter de um grupo parcial, não prosperaram. A OMC está afundada numa crise de perspectivas. A própria ONU tem pouca capacidade resolutiva acerca de qualquer coisa no mundo. Ela é refém dos grandes poderes constituídos, das negociações das grandes potências.

Diante disso, eu apenas penso num princípio orientador dessa questão mundial, que é um princípio que estava nos estoicos antigos, que estava em Sêneca e no imperador romano Marco Aurélio. Zenon, por exemplo, dizia que a Cosmópolis (a Cidade Universal, o Mundo) vinha em primeiro lugar na hierarquia dos valores. Mas a pátria particular não pode ser desprezada. Em certo sentido esse princípio já estava em Alexandre, o Grande. Sêneca falava de duas *coisas públicas*, duas cidades: uma universal, que abarca todos os seres humanos; outra particular, que pertence a um determinado grupo — uma Roma, uma Cartago. Todos podiam servir a cidade universal, mesmo no âmbito das ações particulares de sua pátria ou de sua atividade pessoal. Marco Aurélio era mais claro: como cidadão, sua pátria era Roma. Como homem, sua pátria era o mundo. Só era um bem aquilo que era útil para as Duas Cidades, para a dupla condição de cada um. Penso que esses princípios, além de guardarem o conceito de Humanidade, podem servir de base para pensar as instituições globais de hoje. Um país não pode promover aquilo que se torna prejudicial à humanidade e ao mundo comum.

Traduzindo para o nosso tempo, devemos perceber que existem bens universais que não podem ser colocados em risco pelo interesse particular de um país ou de um grupo econômico. Por exemplo, a floresta amazônica é um bem universal. O ar, os mares, as águas são bens universais. O Brasil ou outro país qualquer não tem o direito de sobrepor o seu interesse de uma pátria particular sobre um bem universal da humanidade. Os Estados Unidos não têm o direito de continuar poluindo o mundo da forma como vêm poluindo para o seu bem próprio, particular. Se nós quisermos construir instituições mundiais efetivas, elas têm de ter essa perspectiva da construção de um poder mundial, que ninguém sabe como ele se estruturaria, mas que tem de ser guiado pelo princípio: aquilo que é universal tem de estar acima daquilo que é particular. Aquilo que é da humanidade tem de estar acima daquilo que é de uma sociedade particular.

Carlos Melo: Queria voltar um pouco a uma questão, para aprofundarmos. É a questão da judicialização da política.

A lei, as instituições, tudo isso é o resultado da própria sociedade, o resultado da própria política, da dinâmica da política. Na verdade é a política, o confronto da política que define a lei. E a lei vai definir como a sociedade vai se organizar. Quando falta política, quando há essa crise da política a que você se refere, as leis não são atualizadas, não são *ajornadas*. A lei fica anacrônica, fica antiga. Só que a única coisa que resta para definir o limite, que não é mais a política, é a judicialização. Então, a judicialização é um sintoma do anacronismo das leis por um lado e da falta da política por outro? Você acha que isso faz sentido?

AF: Eu acho que faz todo o sentido. Aliás, alguns autores observam o seguinte: uma das grandes tarefas no mundo, hoje, é a recuperação do valor e da importância da lei. Por que a recuperação do valor da lei? Porque nós vivemos em um mundo que alguns classificam como o mundo do capitalismo anárquico, no qual perdemos a noção de sentido, em que existe uma liberdade de mercado extremada, em que se institui, de certa forma, o espírito da horda. Nessas circunstâncias, quem termina por prevalecer? Terminam por prevalecer os poderes e as potências dos mais fortes. A força, seja ela de quem tem força no mercado, a força das grandes corporações, a força do grande capital ou a força das potências estatais que estão aí, termina por se impor. Recuperar o valor e a importância da lei, da lei imparcial, nascida de um processo político legítimo, é fundamental para recuperar o sentido civilizador que ela representou ao longo da história. A lei como limite e a lei como orientação moral da sociedade. Recuperar o valor e a importância da lei neutra significa recuperar a dignidade da política e de um sistema de mediação legítimo para solucionar conflitos civilizadamente — seja no plano interno dos Estados, seja no plano internacional.

O mundo, tal como foi sendo construído na modernidade, instituiu leis parciais e leis universais. Algumas das leis parciais, paradoxalmente, vieram, em parte, como esforço para universalizar direitos de setores subalternos, instituindo um sentido de igualdade; mas, em parte, sancionaram uma situação de desigualdade e dominação. Recuperar o princípio da imparcialidade da lei é trabalhar para constituir sociedades mais sadias do ponto de vista ético e moral, do ponto de vista dos seus objetivos, do ponto de vista da sua convivência e do ponto de vista do seu bem-estar, que significa mais igualdade, sem prescindir da liberdade, evidentemente. O fato é que com a descompressão que surgiu com o fim da Guerra Fria houve um enfraquecimento da lei e surgiram vários âmbitos da vida social e econômica que foram se definindo como zonas cinzentas de governabilidade. Ou seja, a força de indivíduos e grupos, sociais e econômicos, terminou por prevalecer sobre a lei neutra.

Quanto ao problema da lei, qual tem de ser o seu princípio constituidor? Volto novamente a Maquiavel. Tem uma afirmação no livro *Discursos sobre a primeira década de Tito Lívio* que diz o seguinte: quando os legisladores forem fazer as leis, eles têm de partir do princípio de que todos os homens são pérfidos, de que todos os homens são malvados. Se eles não partirem desse princípio, a lei não será boa. Terá brechas para que a malvadez humana se manifeste. A lei tem de ter uma dimensão positiva, educadora. Mas, por outro lado, as leis precisam levar em conta a dimensão da natureza humana, como um elemento invariante na história. Elas devem expressar o limite. E a potência de punição que elas expressam deve inspirar o medo do castigo. Sem isso, o processo civilizatório estará permanentemente ameaçado.

A judicialização da política, particularmente no Brasil, é expressão do fracasso do fazer político, do extravio e da má fundação da nossa República, que nasceu torta e procura de mil formas se retificar através de um cipoal de leis e de emendas à Constituição. Como não temos elites políticas republicanas conscientes de que uma nação precisa se construir orientando-se para a universalidade, os processos retificadores se revelarão sempre falhos. Desmanchamos aquilo que foi feito, recomeçamos, damos um passo à frente e dois atrás e permanecemos perdidos nesse cipoal. Uma das tarefas daqueles que pensam em mudar o Brasil para melhor consiste em fazer um longo trabalho de educação e preparação de uma nova elite política.

A judicialização da política no Brasil é também produto de uma incapacitação do Congresso em fazer reformas. Essa incapacitação decorre de duas condicionalidades principais: 1) uma cultura histórica do apaziguamento político das elites que se expressa no conchavo, no acomodamento, na transição transada referida por Raymundo Faoro, no "vamos deixar como está para ver como fica", e assim por diante; 2) existe um desequilíbrio entre os poderes da República. No Brasil, o Executivo e o Judiciário (STF) têm prerrogativas demais, e o Legislativo tem prerrogativas de menos. O Judiciário brasileiro é um dos mais poderosos do mundo. Em face da inapetência do Congresso em fazer reformas, o STF tem se arvorado o representante moral da vontade da sociedade e vem invadindo competências do

Legislativo. Enquanto não forem solucionados o problema da cultura política e o problema do desequilíbrio de poderes, a judicialização será uma possibilidade permanente. O Congresso não atualiza a lei, não reforma, e o STF invade espaços institucionais em nome da necessidade de retificar situações.

Carlos Muanis: Acrescentando, é possível dizer que há, hoje, uma profunda crise do pensamento político, de rumos, de formulação de sentidos, um crepúsculo ideológico?

AF: Sim, há hoje uma crise tanto do liberalismo quanto da esquerda. O liberalismo apostou em demasia na liberdade humana sem autoridade, sem limites e sem regras. Isso vai no sentido contrário da equação que Hamilton e Madison viabilizaram para a construção da República dos Estados Unidos como uma república estável e perdurável. A crise financeira de 2008, em boa medida, é o resultado da aposta errada do liberalismo político e do abandono de princípios e valores fundamentais que estavam na base da construção da potência dos Estados Unidos. O problema de fundo aqui é acerca do papel do Estado. O liberalismo político atribui um papel fraco à função reguladora do Estado e quase não o considera como um fator essencial na definição de um sentido comum à sociedade.

A esquerda nunca lidou bem com a noção de natureza humana, acreditando que as relações humanas são produtos exclusivos dos processos histórico-sociais. É verdade que, em parte, são isso. Mas, em parte, são determinações daquilo que nós somos enquanto seres humanos. Os seres humanos nunca se sublimarão completamente em sociabilidade, moralidade, politicidade e historicidade. Eles têm uma dimensão natural irredutível.

Quando não levamos em conta o que os seres humanos realmente são, acho que somos capazes de cometer muitos desatinos ao longo da história, nas várias sociedades. Mas como a política virou, digamos assim, a política do cálculo, das estatísticas, do PIB, das soluções técnicas, do consumo etc., perdeu-se a dimensão de que na política e na vida humana não existe nada de definitivamente certo e seguro. Assim como se perdeu a noção de que uma sociedade adequada e justa deve ser fruto da combinação entre bens materiais e bens morais. Perdeu-se a noção de que os imprevistos, as incertezas, os acasos estão sempre rondando os negócios humanos e a própria política.

A introdução do cálculo na política dá uma falsa sensação de certezas e os Estados e os governos querem fazer a política do cálculo e a política das estatísticas, sem levar em conta a recorrência das contingências. Essa postura deixa os governos, e os seres humanos em geral, imprudentes. Não funciona. Ou funciona até certo ponto, mas depois deixa de funcionar porque a humanidade e a própria natureza estão inapelavelmente incursas numa dimensão de imprevisibilidade. Amamos alguém hoje e deixamos de amar esse alguém amanhã. Estamos bem hoje e estaremos mal amanhã, ou estamos mal hoje e estaremos bem amanhã.

O problema da dimensão da imprevisibilidade é outro aspecto que acho que se perdeu em favor da política extremamente racionalista, calculista e estatística do mundo de hoje. Isso enfraquece a prudência dos governos, enfraquece o planejamento e a capacidade de antecipação ao advento de problemas futuros. Os governos estão correndo sempre atrás do prejuízo, do fato consumado. Com isso, muitos problemas deixam de ter solução, ao menos no curto e médio prazos.

Há que se retomar a atividade política como ação interativa, libertando-a dos excessos do cálculo, da estatística e do tecnicismo. Julgo que outro aspecto que perdemos na dimensão humana e da política, e de cuja dimensão os gregos tinham uma forte consciência, é o aspecto da dimensão trágica da humanidade. Esse aspecto deve estar presente na ação política. O que essa dimensão expressa? Ela está relacionada à violência, às guerras, às dores e misérias humanas, à finitude do mundo e da existência, ao caráter problemático da existência, à incompletude humana, aos riscos e às incertezas da vida. Se perdemos a consciência da perspectiva trágica da humanidade e dos assuntos humanos nos acomodamos a determinadas zonas de conforto e estamos sempre prontos a resvalar para relações hipócritas e para a farsa. Julgamos que tudo está razoavelmente bem e que amanhã vai acontecer alguma coisa extraordinária que irá resolver todos os problemas. Não levamos em conta que depois da bonança vem a tempestade. Acomodamo-nos a um otimismo exagerado e deixamos de agir. Acomodamo-nos ao cálculo de uma racionalidade cômoda e confortável. A zona de conforto, paradoxalmente, na política e na vida, instaura a lógica da tragédia como destino, pois a inação levará necessariamente a tragédias. As democracias ocidentais ingressaram em zonas de conforto a partir do fim da Guerra Fria. Zonas que se revelaram frágeis e falsas e que produziram tragédias para muita gente.

A consciência da perspectiva trágica nos move para a ação, pois precisamos agir para adiar o advento dos momentos apocalípticos. Como não se faz política com a consciência dessa perspectiva, deixamos de perceber que a expressão da natureza humana na história é horror e violência, precariedade e incertezas. Com isso, a política deixou, em boa medida, de ser o elemento de mediação dos conflitos desse ser humano violento e gerador de mais incertezas. E buscam-se saídas na comodidade do cálculo e das soluções técnicas imaginando que se pode fugir de um conflito que sempre foi dado, é dado e será dado no futuro.

Nós não podemos imaginar que haverá em algum futuro qualquer uma sociedade sem conflito. A ideia de que existe uma revolução redentora, que possa suprimir os aspectos de violência e de conflito, que possa redimir a humanidade de seu pecado da violência, da ambição e do egoísmo, não passa de um delírio de sonhadores. É uma ideia completamente falsa, uma utopia descabida. O que nos resta é reconstruir o sentido da democracia e da república com a consciência desse pano de fundo trágico. Se fizermos isso com responsabilidade, saberemos que o momento de agir é o presente, é o aqui e o agora. Precisamos agir com a nossa sabedoria analisando o passado, olhando para a história, extraindo dela as lições que foram deixadas por aqueles que se foram. Precisamos olhar para o futuro, assumindo compromissos com aqueles que virão. Precisamos retomar o princípio da atividade política, quer dizer, pensar que os homens só são capazes de construir sentidos, como pensava Aristóteles, pela via da coletividade, pela via do viver cívico comum. Sem isso não haverá bem público comum e sem este seremos hordas.

Moisés Marques: Fazendo já uma ligação com o próximo tema, o que te parece: é possível fazer política com essa profusão de redes sociais, com essa profusão de pessoas interconectadas virtualmente? Como fazer política com isso? Já pensando um pouco no Brasil, que é o próximo tema, a gente conversou com o presidente Fernando Henrique, lembrando os pensadores que inventaram o Brasil. Todos eles tinham aquela coisa, aquela perspectiva do intelectual militante. Trata-se do sujeito que tem uma posição política, do intelectual que pensa aquilo que a gente chamaria talvez de intelectual público. Do intelectual que pensa alguma coisa em torno do bem público. O que seria o intelectual público em tempos de redes sociais, em tempos de mundo digital, em tempos de globalização financeira? Aparentemente, o mundo para ele pensar é muito maior do que aquele espaço que os pensadores tradicionais pensaram. As duas questões: como fazer política com toda essa informação e como ser intelectual público nesse contexto?

AF: Veja o seguinte: acho que existe má compreensão, principalmente por parte de alguns sociólogos, acerca desse fenômeno das redes sociais, acerca do papel que elas desempenham. Isso se traduz num superdimensionamento das redes sociais quanto ao papel político que elas cumprem. Retira-se o papel de sujeito dos sujeitos ativos e reais e atribui-se esse papel à internet. A internet e as redes sociais precisam ser vistas como meios, assim como são outros meios de comunicação e interação. O que importa é a mensagem, o conteúdo e, principalmente, a ação dos sujeitos reais. São meios extraordinários, pelas possibilidades e amplitude de conectividade interpessoal que eles permitem; pela velocidade e rapidez da comunicação e informação e pelo baixo custo do processo, o que significa também baixo custo de mobilização. No passado recente não existia esse baixo custo da mobilização. Só mobilizava quem tinha aparato, estrutura, como sindicatos, partidos etc. Mas é preciso ter consciência de que nem as mobilizações nem a horizontalidade foram criadas pela internet e pelas redes sociais. Ambas foram enormemente facilitadas. As redes sociais têm pouca capacidade resolutiva de provocar mudanças. Estas são produzidas pelo conflito real, por multidões nas ruas, nas praças, na luta. As redes sociais podem reforçá-las.

Outra questão que precisa ser discutida em relação às redes sociais é a qualidade da informação. O que se vê é muita coisa superficial, condenada a desaparecer. As próprias relações virtuais são de natureza volátil, impermanentes, pouco constitutivas da realidade. A fluidez e o passar são sua matéria. Assim, as redes sociais e a internet são muito importantes, desde que colocadas em seu devido lugar. Isto é: são meios e instrumentos fantásticos.

Há também uma alienação nesse processo das redes sociais e da internet, o que eu chamo a reificação da técnica. Quer dizer, nós nos tornamos escravos dos suportes técnicos e informacionais. Entendo que as redes sociais, como quase tudo na vida, têm praticamente duas dimensões: elas podem servir para o bem e para a utilidade dos indivíduos e da sociedade ou podem servir para o prejuízo e para o mal de ambos. Quando deixamos escoar boa parte do tempo das nossas vidas na virtualidade e na solidão "confortável" que a tecnologia nos proporciona, nos tornamos prisioneiros dessa tecnologia. Quando estamos junto a outros e nos tornamos prisioneiros de celulares etc., nos tornamos chatos e desperdiçamos oportunidades de convívio humano.

Os intelectuais, principalmente das ciências sociais, devem usar as redes sociais e a internet para a sua atividade pública. Essas ferramentas, se bem usadas, amplificam a audiência dos intelectuais militantes. Isso pode contribuir para a formação mais qualificada da opinião pública, desde que as mensagens e a comunicação tenham conteúdos qualificados. O intelectual público hoje se depara com o problema da quantidade da informação. Ele precisa ser seletivo para ser eficaz, não perder muito tempo com o superficial se quiser produzir algo de qualidade. O risco que todos corremos é o da superficialidade daquilo que consumimos e daquilo que produzimos.

Com exceção de nichos mais especializados que se apresentam nas redes sociais, as conversas e trocas ocorrem no nível do senso comum. O senso comum é importantíssimo, é um termômetro muito relevante da opinião pública. Mas, deixado por si só, talvez ele não seja capaz de construir um sentido. Embora elementos de sentido e rumo possam estar presentes no senso comum, não é ele que lhes garante coerência e definição. Ele tem dificuldade de indicar para onde devemos ir e o que fazer, mas pode fornecer insumos para isso. É por isso que as organizações e as lideranças são importantes. O que se pode discutir é a natureza e a prática das organizações e das lideranças, mas elas continuam indispensáveis para os empreendimentos coletivos e para a vitória de lutas e de propósitos.

Como a tecnologia é sempre renovável, ela tem uma dimensão descartável. A internet não desaparecerá, assim como o rádio e a televisão não desapareceram. Mas no futuro poderão existir outras formas de mediação comunicativa mais eficazes do que a internet. A tecnologia deve existir para nos servir e nos auxiliar no nosso convívio humano. O problema é que muitas pessoas se tornaram cativas da tecnologia.

Carlos Muanis: Lá estão também o horror, a violência e a falta de limites...

AF: Também está o horror, a violência e a falta de limites. Uma das dimensões do horror é o problema do desperdício. Quando perdemos a noção da tragédia humana, não nos damos conta de que nós, seres humanos, estamos inseridos num mundo de extremo desperdício. Não temos a dimensão do tempo. Não percebemos que o tempo é fugidio. O tempo nos foge por entre os dedos, esvaindo a produtividade significativa da nossa existência. Quantas coisas significativas poderíamos ter feito — ou ainda podemos fazer nas nossas vidas — se nós tivéssemos consciência da dimensão fugidia do tempo? Desperdiçamos o tempo em futilidades, desperdiçamos os recursos naturais e desperdiçamos o próprio viver saudável. Ao negligenciarmos o limite do tempo, que é também o limite da nossa existência na Terra, deixamos de fazer aquilo que deveria ser feito.

Assim, não sou avesso à internet e às redes sociais como meios de relacionamento e de ativismo político, até porque eu as uso para tal. O uso dos meios precisa sempre ser mediado pelo bom senso ou senso de proporção e pela responsabilidade. E aí eu lembro um pouco daquele movimento das cidades do bem viver, que foi criado na Itália e hoje se espraia pelo mundo. Busca-se recuperar o convívio, a festa, a solidariedade, os sentimentos e as sensibilidades de relações presentificadas, enfim, o calor humano. Contra essa perspectiva, o excesso, na internet e nas redes sociais, revela-se produtor de uma vida reificada, de relações reificadas, de relações insípidas, inodoras e incolores, assépticas.

O outro lado da questão é o seguinte: quem fez ou motivou os grandes protestos? Eu entendo que foram às ruas pessoas motivadas por questões e necessidades reais. Não é possível colocar milhares ou milhões de pessoas nas ruas sem que haja uma real motivação. Não é a internet ou as redes sociais que colocam milhões de pessoas na rua. As redes sociais, o Facebook, ajudam, são instrumentos mediadores, convocatórios. Se fossem causas, qualquer grupo pequeno e bem organizado teria um poder extraordinário de colocar pessoas nas ruas. Manifestações sem motivos e causas sociais, políticas e econômicas reais até podem acontecer, mas tendem a ser pequenas e espasmódicas, insubsistentes. O que coloca milhões de pessoas nas ruas é a revolta contra ditaduras, é a precariedade dos serviços aqui no Brasil, é a mobilidade urbana travada, é o Estado que não devolve aos cidadãos aquilo que ele arrecada em carga tributária e assim por diante. São essas causas reais que colocam as pessoas nas ruas. Evidentemente, as redes sociais interagem com isso, refletindo esse processo no debate virtual. Pela sua especificidade e natureza, ajudam na mobilização de pessoas.

Ainda em relação aos intelectuais, acho que, particularmente nas ciências sociais, aqui no Brasil nós temos um vício medonho: nos limitamos a desnudar e interpretar aquilo que já foi desbravado pelos clássicos, sem apresentarmos capacidades de sua atualização. Não que isso não seja importante para o aprendizado e para o conhecimento. Mas temos dificuldades de usar aquilo que foi produzido para criar soluções práticas e inovadoras para os problemas existentes. Limitamo-nos a uma espécie de indústria da reinterpretação. Estamos redizendo aquilo que foi dito, sem novidades, sem acrescentar grandes e até mesmo pequenas atualizações. Os clássicos escreviam com o objetivo de resolver grandes questões humanas. Nós, brasileiros, precisamos olhar mais para universidades como o Massachusetts Institute of Technology (MIT) e Harvard, mesmo na área das ciências humanas, que produzem ciência com o objetivo de solucionar problemas práticos, problemas das sociedades.

No Brasil, parte importante da produção acadêmica contemporânea nas ciências sociais está por demais presa à firula de citações e das bibliografias especializadas extensas. Então é esse redizer que está em curso que controla as instituições universitárias, os departamentos, as revistas científicas, as verbas de fomento, a produção editorial e o veredicto daquilo que se entende que seja a ciência social. Há, sem dúvida, no Brasil, um problema de democratização da pesquisa científica. Grupos específicos controlam as verbas de fomento às pesquisas. O pesquisador novo, recém-formado, ou se filia a um desses grupos ou não terá acesso ao fomento. Além de criar critérios democratizadores de distribuição de recursos de fomento à pesquisa, seria necessário criar um programa de incentivo aos jovens pesquisadores que ainda não têm um currículo formado.

Desbloquear esse sistema de financiamento capturado por grupos específicos, criar programas focados, estimular a inovação na pesquisa, elaborar editais de relevância pública e social são condições para que a pesquisa possa deslanchar no Brasil.

Carlos Melo: Mas, por outro lado, fugir dos clássicos, desses intérpretes clássicos brasileiros, não significou durante um período, ou não significa ainda hoje, o caminho de um tipo de ciência social matematizada, muito parecida com essa perspectiva de política baseada no cálculo a que você se referiu agora há pouco, um tipo de ciência social na qual você abandona a perspectiva sistêmica, mais ampla, em benefício de uma perspectiva muito focalizada? Eu me refiro, por exemplo, a teorias como a da escolha racional, coisas que vêm fazendo sucesso no Brasil nos últimos tempos, mas que também não parecem acrescentar muito. Fugir dos clássicos não seria cair aí?

AF: Mas eu não estou propondo que se fuja dos clássicos. Os clássicos têm de ser permanentemente lidos e relidos. O problema é a redundância daquilo que se vem escrevendo. O redizer dos clássicos é um redizer especializado de aspectos muito particulares. Busca-se um conceito do autor clássico e se cria uma ultraespecialização em torno daquele aspecto. Isso termina por produzir uma conversa entre um pequeno grupo de iniciados. Uma conversa de relevância social duvidosa. É preciso indagar acerca do significado e da serventia da especialização da especialização. Precisamos decidir se é pertinente financiar a especialização da especialização ou se é pertinente financiar pesquisas orientadas para encontrar soluções de problemas da sociedade, de problemas reais. No Brasil não existem prioridades, e aquilo que deveria ser prioritário é deixado de lado.

Por outro lado, tem esse problema da matematização. Eu me guio sempre pelo Giovanni Sartori, que é um cientista político italiano que leciona nos Estados Unidos. O que ele diz: olha, medir estatisticamente é mais importante do que emitir uma mera opinião, um "eu acho". Usar dados também é mais importante do que supor. Então nós temos que ter essa dimensão do cálculo, dos dados, da mensuração e assim por diante. Mas se você quiser fazer uma ciência política, uma ciência social apenas reduzida aos dados, você vai dizer poucas coisas relevantes sobre poucas coisas significativas da política e da realidade social. Não são muitas as realidades sociais e políticas matematizáveis ou quantificáveis. Temos que ter a capacidade de produzir teorias e explicações servindo-nos da matemática, da quantificação e da estatística sempre que possível, mas devemos ir além delas quando necessário. Nem mesmo a física se reduz à matemática e à quantificação.

Carlos Melo: Mas ciência não tem de ser causal? Ela tem de procurar uma cadeia causal?

AF: A ciência sempre procura uma cadeia causal. O problema é o seguinte: achar que o mundo humano, que o mundo da política ou o mundo da própria economia seja reduzido a equações matemáticas. Fica determinista, porque você perde aquela perspectiva de que nós falamos antes, de que a vida humana é também imprevisibilidade, é vontade, desejos, interesses, lutas e projeções ideais. Economistas vivem emitindo avaliações furadas monumentais. Assim acontece também com cientistas políticos e com cientistas sociais que usam principalmente modelos matemáticos. A matemática, o dado e a medição não captam a dimensão do imprevisível no humano. Muitas vezes você diz coisas mais relevantes sobre a realidade política ou social prescindindo do cálculo e de dados estatísticos. Outras vezes você precisa usá-los. Nós não podemos jogar fora a matemática e a medição, mas elas são suportes das ciências sociais.

Carlos Melo: Partindo do Weber e da *Ética protestante*, em que ele fala do espírito do capitalismo, levando a outra especialização, o que demanda uma renúncia a um espírito universal, ao próprio iluminismo, não estaríamos fadados, nas ciências sociais, a essa outra especialização? Ao matematizar ou estabelecer cálculos, nós não perdemos a dimensão mais geral? Isso seria, talvez, uma marca do nosso tempo?

AF: Sim. Veja o seguinte: por que isso acontece? Exatamente por causa da especialização que é inerente ao desenvolvimento das ciências. Antigamente estávamos todos sob o guarda-chuva da Filosofia. Na medida em que brotaram várias ciências da Filosofia, que foi Grande Mãe, ingressamos numa crescente especialização do conhecimento científico. Ocorreu uma divisão do trabalho científico. Quem são os cientistas? São comunidades de iniciados. Só os iniciados é que vão compreender o conhecimento científico e praticar o trabalho científico. Aqueles que não são iniciados vão ter relações não muito aprofundadas e especializadas com o conhecimento científico. Ele tem uma linguagem própria, uma linguagem de especialistas.

Na medida em que há um processo de complexificação da existência humana e de acúmulo de conhecimento científico, essa complexidade do mundo e do próprio conhecimento irá requerer novas divisões dessa atividade, o que se traduz em novas especializações. A tendência à especialização é cada vez maior nos vários ramos da ciência, não só nas ciências sociais, mas na física, na biologia etc. O que falta? O que se perdeu é a capacidade de produzir grandes sínteses, a capacidade de olhar tudo isso aí e ver qual é o sentido das coisas. Perdeu-se a capacidade das visões universalizantes, a exemplo das visões de Hegel, de Marx, do próprio Weber. E se nós não formos capazes de integrar as partes, teremos dificuldade de ver e de construir os sentidos do todo. Esse é um dos importantes elementos da chamada crise das ciências sociais. As crises existentes, principalmente a questão ambiental, a própria globalização, a complexidade crescente e a própria ideia de que hoje nos defrontamos com problemas e desafios que são da humanidade e do planeta, estão cobrando interpretações mais gerais e mais universalizantes.

Carlos Muanis: E nesse sentido, você não acha que as novas redes podem contribuir para que o intelectual público dê uma grande contribuição para a sociedade, pela complexidade descrita? O cientista social poderia então apontar para essa totalidade, essa visão ampla que liga as pontas, que religa as coisas. Como responder a isso? Talvez possamos construir esse religamento dos conceitos, das sínteses, através do fenômeno das redes sociais, por exemplo.

AF: As redes sociais são um suporte, são um meio. Não são elas que vão religar e construir as grandes totalidades. Ou surgem indivíduos capazes de produzir essas visões sistêmicas ou não as teremos. A internet é um poderoso instrumento de articulação, que potencializa a sistematização de pesquisas e conhecimentos. É também um instrumento que auxilia a pesquisa. Ela permite a construção de redes de conhecimento, interligando cientistas e suas pesquisas, instituições e universidades. Isso pode produzir ganhos fantásticos na pesquisa científica.

Mas soluções para os problemas dramáticos do nosso tempo — como o meio ambiente, o crescimento da população global, a concentração da riqueza, a questão alimentar, o aumento da expectativa de vida etc. — talvez surjam do próprio agravamento da crise. Embora não tenhamos nenhuma garantia de que isso ocorra, acredito que a necessidade pressionará por soluções. Na história humana, muitas soluções surgiram de crises graves, de necessidades drásticas. Pode ser que as grandes visões sistêmicas surjam de empreendimentos coletivos de cientistas, facilitados pelas redes da internet. Alguns indivíduos aqui, outros acolá, poderão dar contribuições excepcionais. Hoje existem instrumentos de construção coletiva do conhecimento da ciência. Mas para que isso ocorra os cientistas precisam ter propósitos humanos comuns, propósitos universais. As ciências, por si sós, não são capazes de produzir esses propósitos. Essa é uma tarefa também da política e da ética.

Moisés Marques: Sobre o Brasil, é o seguinte: se a gente pensar em 1982 como um marco da redemocratização do país, nós temos aí mais ou menos 30 anos desse processo.

Estou falando da eleição de governadores, o que de alguma forma foi um ponto de inflexão; se a gente pensar na Constituinte, nós estamos com 25 anos da Constituição brasileira; se a gente pensar na estabilidade monetária, estamos com 20 anos. O que te parece o Brasil, e qual o futuro do Brasil depois de 30 anos do processo de redemocratização, de 25 anos de Constituição e de 20 anos de estabilidade monetária? O Brasil precisa se reinventar, precisa se rever à luz desse tempo já passado?

AF: Nós não podemos jogar fora os avanços que ocorreram nesse processo todo. Em algum aspecto, por exemplo, houve uma modernização do parque industrial brasileiro, uma modernização da capacidade produtiva em vários setores. O Brasil se tornou competitivo na agricultura, no agronegócio, na aviação, na medicina, na energia etc. Avançamos alguma coisa em pesquisa, mas muito aquém de outros centros mundiais e das nossas necessidades. Ocorreram também avanços sociais, houve uma significativa redução da pobreza, mais formalização do trabalho e níveis importantes de alargamento do acesso ao ensino, desde o ensino fundamental até a universidade.

Então, levando em conta esses avanços, houve também a consolidação da democracia. Não podemos desprezar tudo isso. A luta contra a ditadura foi árdua, e a Constituição de 1988 é um marco dessa redemocratização. Mas, olhando o Brasil como está hoje, nós podemos nos declarar satisfeitos ou confortáveis com aquilo que foi conquistado? Eu diria categoricamente que não, pois ainda somos um dos países mais desiguais do mundo, e esse é um peso do qual temos de nos libertar. Ou resolvemos esse problema da desigualdade no Brasil ou seremos um país não digno do nosso presente e não propenso a construir um futuro melhor. E aí não podemos ficar culpando o passado, porque outras sociedades também tinham passados de iniquidades graves e de diferenças brutais do ponto de vista da renda, da riqueza e do acesso ao ensino e à cultura e conseguiram superá-las. Podemos olhar para a própria Coreia do Sul e outros países asiáticos e perceberemos que eles deram saltos enormes em duas ou três décadas. A própria China, com instituições políticas diferentes, parece estar dando esse salto.

Logo, o que se vê é que alguns países conseguiram construir boas equações para a questão da desigualdade. E qual é o nosso problema? O nosso grande problema é que nós nunca tivemos uma elite política capaz, séria e comprometida com a construção de um projeto comum de nação, que articulasse o desenvolvimento econômico e social, a prosperidade com igualdade, equilíbrio e bem-estar. As nossas elites sempre foram particularistas e oportunistas e não pensaram o país como um todo.

Se você examinar, por exemplo, o que aconteceu ali na virada da Confederação para Federação norte-americana verá que pessoas como Washington, Madison, Hamilton, Thomas Jefferson, os Adams, entre outros, pensaram um projeto grandioso, definiram um sentido para os Estados Unidos, articularam a ideia de um excepcionalismo que se expressava num destino manifesto. Eles julgavam que estavam decidindo o destino da humanidade. Eles construíram os Estados Unidos como uma comunidade de destino. Esses princípios são forças poderosíssimas que estimulam as potências e as virtudes coletivas de uma nação.

As nossas elites nunca foram capazes de propor algo semelhante. Quando o Sérgio Buarque de Holanda observou que nunca ambicionamos o prestígio de um país conquistador, na verdade estava refletindo a questão da incapacidade de nos dar um sentido e um destino relevantes na história. Darcy Ribeiro acreditava que, depois de termos sido uma "ninguendade" por muito tempo, finalmente havíamos nos constituído como povo brasileiro. Acho que evoluímos alguma coisa nisso. Mas ele estava enganado ao acreditar que seríamos uma nova Roma. Penso que os países que não são capazes de construir esse sentido e essa comunidade de destino são países que vão continuar patinando na história. Vão melhorar aqui e acolá, como nós melhoramos, mas não serão capazes de dar o grande salto para assumir uma posição mais digna do ponto de vista interno, mais confortável do ponto de vista da justiça e da igualdade e mais significativa perante as outras nações.

Carlos Melo: Quando fala de elite, você destaca elites que são incapazes de construir esse sentido de destino e de governos voltados para seus interesses próprios, à direita ou à esquerda. Revoluções entre aspas, como diria o Sérgio Buarque de Holanda, que são meramente horizontais, quer dizer, você troca setores da elite por outros setores, mas com o mesmo tipo de postura. Quando você olha para o Brasil recente, ainda que tenha havido alternância de poder, houve alternância de sentido?

AF: Eu diria que não. Para falar claramente, nós estamos falando do PT. Quer dizer, o PT ascendeu ao poder como uma grande promessa de mudança, e acredito que o PT realizou dois grandes pontos programáticos: o primeiro ponto foi a expansão do emprego e da renda, os dados estão aí para mostrar isso; e o segundo foi inclusão social. Houve uma espécie de massificação das políticas de inclusão social. E houve uma grande inclusão, sem dúvida nenhuma. Os resultados são importantes. Mas um balanço desses resultados permite dizer que o que foi conquistado é satisfatório? Continuo dizendo não, porque não houve uma mudança de qualidade e de direção, não construímos um rumo e um sentido que apontem para um futuro substancialmente diferente, um novo horizonte.

Olhemos, por exemplo, para a questão tributária do país. Nós somos um país do mal-estar social, porque tiramos dos pobres e damos aos ricos, tiramos do pedreiro, do trabalhador, do metalúrgico e do bancário e damos para o Eike Batista, emprestamos a juros subsidiados ao grande incorporador, ao grande empreiteiro que sonegam impostos. Esse mal-estar da desigualdade e os elementos estruturais que a geraram não foram removidos. Para que o PT tivesse promovido uma grande mudança estrutural, uma mudança significativa, para que ele tivesse realizado as promessas e esperanças de que era depositário, ele teria de ter removido essas condições estruturais que continuam mantendo o Brasil como um país profundamente desigual.

Além disso, o PT, no poder, perdeu aquela dimensão moral que é necessária às grandes mudanças. O PT abandonou o discurso moral. Permitiu que boa parte da sociedade o veja como um partido igual aos outros, como um partido corrupto. Muitos petistas justificam essa situação dizendo que é preciso fazer aquilo que os outros fizeram para se poder governar, caindo em uma espécie de realismo cínico. Essa postura não pode ser aceita. Se o PT quiser voltar a ser o partido da mudança, da igualdade e da justiça, precisa fazer uma reforma moral e política de suas posições e de suas práticas.

Nesse sentido da estrutura da sociedade brasileira ocorreram avanços importantes, mas não mudanças históricas. Não se pode ver uma grande ruptura histórica nos governos do PT, mas apenas uma evolução incremental, com vieses diferentes em relação ao que vinha sendo feito. Para que haja uma mudança histórica, com elementos de ruptura ou de superação, é preciso uma direção moral e política da sociedade, é preciso reformar os usos e costumes políticos, sociais e econômicos, criando um padrão mais virtuoso, mais eficaz, mais equilibrado e mais justo. Você não vê hoje o PT, as lideranças petistas, os governantes petistas manterem-se firmes no sentido de apontar um caminho moral para a sociedade. Uma sociedade só melhora do ponto de vista civilizatório se ela se construir também moralmente e não apenas materialmente. O PT abriu mão da construção moral e virtuosa da sociedade e se iludiu com o pouco de construção material que ocorreu. Houve uma acomodação com as conquistas. Não se percebeu aquela dimensão frágil e impermanente dos negócios humanos. Não se atinou que nada está seguro na política e que retrocessos podem ocorrer. Faltou ao PT uma ideologia republicana da virtude.

Carlos Melo: Como fazer diferente? Era possível fazer diferente?

AF: Eu acho que era possível. Ninguém está pregando aqui que o PT deveria permanecer como o partido límpido, puro e imaculado no poder. Qual foi o grande problema? Em primeiro lugar está a ausência daquela ideologia republicana da virtude, sem a qual se abrem as portas para a corrupção e para o oportunismo político. Acho que não se fizeram alianças programáticas para governar. Se não se fazem alianças programáticas, não se constrói capacidade de direção. A direção é substituída pelo negócio político, o que mergulha o arranjo no particularismo dos interesses que se agregam no poder pela via dos partidos e dos grupos dentro dos partidos. Ninguém é contra que se façam alianças para governar, pois esse é um elemento necessário. Agora, no momento em que se fazem alianças, tem que ter um programa claro para o país, tem que ter objetivos claros, um rumo para onde se quer ir. O que vem se fazendo no Brasil não são alianças programáticas assentadas em objetivos e rumos, mas uma junção, um agregado de partidos e grupos para gerir programas setorializados, desarticulados entre si, e para gerir interesses particularistas, cargos, benesses, influências, negócios e negociatas.

Penso que quando a aliança se constrói não devem ser os partidos ou grupos internos a eles quem deve decidir quem vai ocupar o ministério ou o cargo. Quem deve decidir é o presidente, o governador e o prefeito. Eles têm que assumir a responsabilidade pela qualidade, honorabilidade e competência de quem nomeiam. O problema é que hoje, quando surge um corrupto, um malversador, um incompetente no alto cargo público, ninguém se responsabiliza pela sua nomeação. Um ministério ou uma secretaria não podem ser de um partido. São do governo, e o governante deve ser responsável pelos cargos governamentais. Essa coisa da porteira fechada, de entregar um ministério ou secretaria a um partido, degrada a política, é a porta aberta para a corrupção e para a ineficiência dos governos. O presidente tem a prerrogativa de escolher os ministros, e se ele escolhe um ministro corrupto, um ministro que faz os chamados malfeitos, a responsabilidade é do presidente, não é de mais ninguém. Não é do partido que indicou porque ele não tem a prerrogativa legal de nomear. Então, me parece que esse senso de responsabilidade faltou também a governantes petistas, como a governantes de outros partidos, quando nomearam ministros e secretários de competência e honestidade duvidosas.

Moisés Marques: Tendo presente esse contexto, é possível perceber consequências das condenações do julgamento do mensalão sobre o PT e sobre o sistema político como um todo?

AF: O impacto das condenações do mensalão sobre o PT apresenta aspectos contraditórios. Uma pesquisa do Datafolha mostrou que 87% dos simpatizantes do PT aprovam as prisões. No entanto, quando se trata da postura das direções e de muitos filiados, a situação é diferente: houve uma condenação das prisões e do próprio julgamento do STF. De fato, o julgamento tem muitos aspectos discutíveis que foram debatidos por juristas. Mas, independentemente de possíveis equívocos e excessos no julgamento do STF, parece-me inegável que foram cometidos erros pela direção petista no contexto daquilo que veio a ser denominado mensalão. O fato é que nem os condenados e nem o PT reconheceram erro algum. Nos bastidores, petistas reconhecem que foram cometidos erros, mas tudo é justificado pelo fato de que os antigos dirigentes condenados o fizeram para favorecer o partido. Estão presentes aqui duas questões complicadas. A primeira diz respeito à presunção de que o PT é o portador da virtude e que em nome da prática da virtude é permitido cometer atos considerados errados pela moral do senso comum. É a velha ideia de que os fins justificam os meios. Historicamente, sabemos no que a presunção da portabilidade exclusiva da virtude resultou. Na Revolução Francesa, resultou no terror jacobino, e na Revolução Russa, resultou na ditadura bolchevista, no massacre das demais organizações de esquerda e no terror stalinista.

Nenhum filósofo político clássico autorizou a ideia de que os fins justificam os meios, qualquer meio. Maquiavel condenou o uso da violência ou de outros meios espúrios para alcançar fins particulares de um líder ou de um grupo. Fins e meios devem estar sempre dimensionados numa relação de adequação tendo em vista o bem público. Se não houver essa adequação, o uso de determinados meios pode revelar a prática criminosa e a corrupção. No caso do PT, não há nenhuma evidência de que era justificável e necessário recorrer a práticas condenáveis para vencer eleições ou para adotar boas políticas sociais durante o governo Lula. Alguns petistas chegam a usar o exemplo de Lincoln, que comprou o voto de congressistas norte-americanos para aprovar o fim da escravidão. De fato, quem estuda história política sabe que muitas vezes são usados meios espúrios para alcançar fins nobres. O problema é que aqui o caso de Lincoln e o do mensalão não são comparáveis. Lincoln agiu para atingir um fim humano justo, de natureza universalizante. No caso do PT, mesmo que se aceite a tese de que o mensalão estava relacionado a financiamento de campanhas, o benefício foi particular, do partido ou de alguns partidos. A sociedade não foi beneficiária direta.

Por outro lado, penso que o julgamento, as condenações e as prisões provocaram a percepção, nos agentes do sistema político, da elevação do risco que a prática da corrupção representa. Até o episódio do julgamento do mensalão, a rigor, não havia risco para os corruptos. A impunidade é um enorme estímulo à corrupção. A punição difunde o temor, que funciona como um desestímulo. Um dos aspectos fundamentais da eficácia da lei consiste em que ela seja respeitada pelo temor do rigor que ela deve difundir de forma permanente. E isso só acontece quando o seu caráter punitivo é implementado. A lei, evidentemente, deve ter também uma dimensão positiva e educadora. Mas sem a função do temor, sem difundir o medo do castigo, a potência da malvadez da natureza humana não será contida.

Carlos Muanis: O nosso presidencialismo cria essa camisa de força em relação às alianças, porque você tem que ter base para governar no Congresso, e ela é construída com a divisão de cargos e ministérios. Essa negociação, essa tensão, aparece em todo o mandato, não apenas na primeira montagem do governo, é um ciclo constante de barganha. Não se faz nada, não se aprova nada sem os acordos renovados, sem os interesses atendidos. É possível sair dessa armadilha? Como fazer para que o sistema político brasileiro possa apontar para um novo rumo?

AF: Certamente é necessário fazer uma reforma política. Já ouvi cientistas políticos dizendo: olha, a questão hoje não é uma reforma política, é ocupar as ruas, é isso que pode mudar. Penso que são necessárias as duas coisas: ocupar as ruas e fazer uma reforma política. Se é possível fazer uma reforma política, mesmo que parcial, é preferível fazê-la do que não avançar. Por si só uma reforma política pode não garantir muita coisa. Podemos melhorar as instituições e não necessariamente melhorar a qualidade da política. Há um risco que se corre, mas entre correr o risco e não correr é melhor arriscar. Sou um pouco cético quanto a uma reforma política significativa e ampla no curto prazo porque falta construir consensos sobre qual o melhor modelo, o melhor sistema.

Outro elemento da reforma é a mudança da cultura política. Não basta apenas reformar as instituições. Com isso, de certa forma, repomos novamente um debate, que era o debate do republicanismo no final da Idade Média, no norte da Itália. Qual seja: Onde estão a excelência e a virtude de uma sociedade? Estão na qualidade de suas instituições ou na virtude das suas lideranças e do próprio povo? Eu diria que elas estão nas duas coisas. Então, temos que trabalhar nas duas frentes, melhorar as virtudes e os valores da sociedade, principalmente participando, cobrando, exigindo, monitorando e fiscalizando os políticos, e melhorar a qualidade das nossas instituições. Se essas duas coisas não andarem juntas, uma não será capaz de solucionar o problema sozinha.

Carlos Melo: Voltando à questão da liderança, já que você tocou nesse assunto, e é circular mesmo, como avaliar as últimas experiências de liderança no Brasil? Eu me refiro aos governos Fernando Henrique, Lula,

Dilma e à perspectiva daí para a frente. Desponta alguma liderança nesse momento?

AF: Veja o seguinte: o Fernando Henrique e o Lula são expressões diferentes, evidentemente, porque cada um construiu um caminho diferente na luta contra a ditadura. Eu diria que aquela geração que se construiu na luta contra a ditadura está dando uma espécie de adeus à atividade política prática nas instâncias públicas. Quer dizer, as pessoas estão aí, mas elas estão em um momento de retirada da vida política. O que se vê como sucessão geracional, como substituição às lideranças que estão se aposentando, não é muito animador.

Como entender esse quadro? Voltando novamente a Maquiavel, ele nos ensina que tem que existir uma ocasião propícia para o surgimento de lideranças autênticas. Nos momentos de normalidade na vida de uma nação prevalecem os medíocres. Emergem os oportunistas e os carreiristas. Nós podemos então dizer que o momento da luta contra a ditadura era o momento de uma certa excepcionalidade, pois se lutava contra um regime de força e de exceção. E essa luta produziu, consequentemente, lideranças autênticas, que se experimentaram na prática. Produziu o Lula, o Fernando Henrique, o Montoro, o Covas e tantos outros líderes que estão aí ocupando cargos públicos importantes no Congresso, em governos de estados e em municípios. Imbricou-se com essa geração uma outra um pouco mais antiga, da cepa de um Tancredo Neves, de um Ulysses Guimarães, de um Brizola, de um Arraes. Esses líderes de envergadura, mais antigos, também se forjaram em momentos difíceis, excepcionais, relacionados aos acontecimentos que desaguaram no golpe civil e militar de 1964.

Desde a redemocratização de 1945, dos anos 1950, do suicídio de Vargas, da renúncia de Jânio, da tentativa de não dar posse a Jango, do golpe civil e militar, viveram-se momentos fora da normalidade política que geraram comoções e emoções perturbadoras, propícias a forjar lideranças combativas e autênticas. Aquela excepcionalidade se prorrogou com o regime militar. A excepcionalidade das circunstâncias exigia esforços extraordinários, lutas renhidas e pessoas com virtudes e com coragem para combater. E isso produziu lideranças significativas dentre as quais algumas já se foram. Outras estão aí, como Fernando Henrique e Lula, embora com características diferentes, como dissemos.

Dilma, em parte, ainda é um pouco disso. Mas a Dilma é também uma liderança diferente, ela é um tipo de ator político diferente. Antes de ser presidente ela nunca estivera nas frentes de massa, disputando eleições, promovendo grandes embates políticos públicos, discursando em comícios e manifestações. Da militância estudantil ela se forjou como quadro da luta armada. Depois foi um quadro técnico de governo. Quadro no governo de Alceu Collares, na prefeitura de Porto Alegre, no governo Olívio Dutra no estado do Rio Grande do Sul. E daí para o governo Lula como ministra de Minas e Energia e logo como chefe da Casa Civil. Não podemos dizer que Dilma teve uma construção pública de sua liderança, no sentido que Lula teve. Não se trata disso.

Se nós olharmos toda a história, os exemplos daquilo que a história nos ensina em situações assemelhadas, poderíamos cogitar que a Dilma teria dificuldade de governar o Brasil por conta da ausência de um certo enraizamento popular ou social de sua liderança. Chegaram a ser surpreendentes, ao menos para mim, o apoio e a larga avaliação positiva que ela obteve até os protestos de junho de 2013. Mas é nos momentos críticos, quando as conjunturas deixam de ser normais, que se revela se o ator tem virtudes políticas ou não. As manifestações de junho geraram certa anormalidade conjuntural. Dilma ainda está sendo testada por essa conjuntura. O teste sempre é uma oportunidade, uma *occasione* no sentido maquiaveliano do termo. De qualquer forma, me parece que a Dilma terá que se reinventar como liderança se quiser fugir da normalidade.

Se olharmos para a frente agora, o que se vê? Com exceção aqui e acolá e ainda a confirmar, os líderes que vêm pela frente são líderes que se construíram na normalidade. Os líderes de hoje eram adolescentes, jovens ainda, nos momentos dos estertores do regime. O que é essa normalidade? São líderes que se construíram pós-redemocratização, pós-Constituinte. É verdade que veio um momento tensor que foi o *impeachment* de Collor. Mas não houve uma grande dramaticidade, e a luta foi de curta duração. Esses líderes não foram desafiados por circunstâncias difíceis. Não experimentaram e não foram postos à prova por lutas árduas e perigosas, por desafios inauditos, por situações trágicas.

Carlos Muanis: Momentos de relativa normalidade...

AF: De relativa normalidade, porque a Constituição de 1988 havia construído os elementos institucionais que pudessem absorver crises como aquela do *impeachment*. Então não foi uma crise monumental, um campo de teste para lideranças intrépidas e virtuosas.

Carlos Melo: As lideranças do momento são as lideranças da redemocratização?

AF: Exatamente. São as lideranças do fim do regime militar e do início da normalidade democrática. Do movimento dos caras-pintadas surgiram um líder aqui, outro acolá. Os jovens que participaram do movimento do *impeachment* não enfrentaram desafios inauditos capazes de forjar e moldar o caráter e as virtudes dos grandes líderes. Na questão da liderança estão imbricadas duas dimensões: a da formação e a do teste prático. Alexandre foi formado por Felipe e por Aristóteles, mas ainda jovem enfrentou os desafios excepcionais de ter de comandar grandes exércitos e empreender guerras monumentais. É no teste prático o momento em que o líder é desafiado a perceber a oportunidade, a *occasione maquiaveliana*. Se há uma coisa que nós, professores, podemos fazer para o surgimento de lideranças virtuosas no futuro próximo é o da formação. Carecemos de boas escolas de formação de líderes. A Escola de Sociologia e Política nasceu com essa missão. Precisamos reafirmá-la e revivificá-la.

A pergunta que cabe formular é a seguinte: Se nós ingressamos em um momento de relativa normalidade, estamos condenados a viver com lideranças medíocres? Eu digo que não. Digo que não, em primeiro lugar, porque líderes extraordinários são capazes de perceber a ocasião, de fazer emergir a excepcionalidade a partir de situações normais e medíocres. Em segundo lugar, porque entendo que no Brasil temos a ocasião propícia à liderança extraordinária. E qual é essa ocasião? A nossa ocasião não é uma grande tragédia, mas é a trágica normalidade. Por que não é uma grande tragédia? Porque nós não temos em curso uma guerra civil entre duas facções políticas ou religiosas; não temos uma guerra externa. Por que é uma trágica normalidade? Porque naturalizamos tragédias brutais e as percebemos como normais. É a tragédia das 50 mil pessoas que morrem no trânsito todos os anos, a tragédia das 50 mil vítimas anuais da violência, a tragédia dos jovens pobres e negros que morrem nas periferias das grandes cidades, a tragédia da imensa desigualdade, a tragédia da saúde pública e da precariedade de outros serviços. Enfim, são inúmeras tragédias que se naturalizaram em nossas vidas e as aceitamos passivamente. O que temos é uma guerra naturalizada no âmbito social e no trânsito. Nós aceitamos essa trágica normalidade e não surgem líderes que percebem essa ocasião e essa excepcionalidade brasileira. Poderíamos muito bem perceber essa conjuntura como uma enorme oportunidade de construir a grandeza do nosso país, enfrentando nossas iniquidades. Superar a trágica normalidade representaria uma ruptura na nossa história de conciliação com realidades absurdas, de conchavos enganosos das elites em favor dos seus interesses particulares. Significaria construir uma história com sentido universalizante, de construção da igualdade, da justiça e da liberdade para todos.

Carlos Muanis: Você acha que para as correntes à esquerda da sociedade, na questão democrática, a justiça e o igua-

litarismo deveriam ser a grande bandeira daqui para a frente? Seria a bandeira para romper com essas amarras, esses contrastes da cena política e social brasileira?

AF: Sim, eu diria que é a bandeira que deve ser empunhada, mas vejo uma esquerda em crise hoje. Vamos olhar para a esquerda mais forte, que é o PT, uma centro-esquerda, na verdade. Essa esquerda que deixou de colocar as questões da justiça e da igualdade como elementos fundamentais de seu discurso. Eu não vejo no discurso do PT essa questão como central. Não vejo uma luta pela reforma tributária, não vejo uma luta pela taxação das grandes fortunas e do capital financeiro, não vi nos governos uma reorientação estratégica que fosse capaz de superar essa injustiça da sociedade brasileira. Não se discute a reforma do Estado para torná-lo mais eficaz e para colocá-lo a serviço dos que mais precisam. O próprio Programa Bolsa Família, embora necessário, não indica portas de saída.

Com os governos do PT, a drenagem de recursos dos pobres para os ricos continua. Um grupo relativamente pequeno de grandes empresas recebe mais recursos anuais do BNDES, com juros subsidiados, do que o Bolsa Família. Seria preciso fazer uma CPI para investigar o BNDES, o Banco do Nordeste etc. O Eike Batista, antes da crise de suas empresas, tinha virado símbolo das prioridades e da falta de critérios justos do BNDES. Já a esquerda mais radical, para usar uma expressão antiga, é uma esquerda sindicalista, economicista, com pouca aptidão para estimular um projeto nacional de perspectivas universalizantes. A esquerda como um todo vive um fracasso histórico, tornou-se coadjuvante de um sistema injusto, sócia amigada do capitalismo predador. Quando aponta alguma coisa para o futuro, aponta para utopias inalcançáveis, para esperanças que não se realizarão, porque são falsas esperanças. Promete paraísos que nunca existirão. A esquerda que aí está não é capaz de assumir essa dimensão de que a humanidade tem essa perspectiva trágica e que essa tragédia apela para ações de outro tipo, centradas no presente, no aqui e agora, articuladas por um reformismo radical.

As esquerdas que ascenderam a governos produzem resultados pouco estimulantes. Esses governos mergulharam na normalidade, e se revelaram incapazes de produzir soluções para os problemas presentes e de se antecipar ao advento de problemas futuros. Esses governos não são capazes de produzir novos sentidos às sociedades, apontando novas direções e novos rumos. Tornaram-se uma espécie de cereja do bolo capitalista. Tentam expressar uma contraideologia, mas que, no fundo, valida a ideologia hegemônica. Há uma evidente crise de governança, entendida como a capacidade que os governos devem ter para produzir resultados satisfatórios para as demandas e necessidades sociais. Essa crise atinge também os governos de esquerda.

Carlos Melo: Vamos tentar resgatar aqui os 500 anos de *O Príncipe*, de Maquiavel. O quanto que o velho Nicolau ainda aponta saídas, no sentido da fixação da virtude política capaz de estimular o enfrentamento dessa trágica normalidade que gera mediocridades na nossa sociedade?

AF: Vamos tomar do conceito de *virtù*, da virtude. Eu entendo que sem lideranças fortes, sem lideranças resolutas, sem lideranças virtuosas, que sejam capazes de apontar para uma direção e construir um sentido de comunidade, nós não vamos a lugar nenhum. Existe uma interação dinâmica entre a construção coletiva de um sentido e a existência de lideranças virtuosas. Toda a história da humanidade nos mostra que os grandes desafios foram enfrentados por lideranças excepcionais, e aí entra uma discussão complicada, que pode nos colocar o seguinte problema: como é que surge a liderança? O líder é produto da sociedade virtuosa ou ele é o transformador da sociedade degradada? Eu diria que, de modo geral, olhando as grandes lideranças históricas, o líder é o transformador de uma sociedade degradada. Cabe principalmente aos líderes adotar as iniciativas, organizar o povo, uni-lo, dar-lhe um sentido, apontar o caminho para transformar a sociedade. Cabe perguntar: os hebreus teriam saído do cativeiro no Egito, ao menos naquele momento, se não fossem liderados por Moisés? Parece-me que não. Foi necessário que surgisse uma personalidade excepcional que os retirasse do Egito e os levasse rumo à Terra Prometida. O que é a Terra Prometida? É essa direção, esse sentido de comunidade, essa comunidade de destino. Se olharmos, por exemplo, para um Péricles em Atenas, se olharmos os grandes generais da república romana, se olharmos um Lincoln, Mandela, Gandhi, eles foram líderes excepcionais em momentos de uma crise. Perceberam a ocasião e agiram em um ambiente de uma excepcionalidade posta ou para criar a excepcionalidade. Lincoln soube conduzir a Guerra Civil e sair dela mantendo unido o país. Gandhi e Mandela uniram seus respectivos povos e construíram sentidos nacionais.

No enfrentamento das crises é preciso que surjam líderes virtuosos, e aí a questão da *virtù* é fundamental. Por que a questão da *virtù* é fundamental? Porque somente os líderes virtuosos agregam duas características essenciais para o êxito político, que são uma combinação de prudência e ousadia. Você tem de ser prudente para não conduzir ao desastre e tem de ser ousado, ao mesmo tempo, para ser capaz de promover as transformações que o momento requer, que a realidade exige. Não é um líder qualquer que faz isso. Nos momentos de normalidade você governa com o *status quo* das leis normais e da ordem estabelecida. Nos momentos de crise e de excepcionalidade, as capacidades humanas são desafiadas, e para enfrentá-las são necessárias a prudência e a ousadia da liderança virtuosa. Esse líder alia o saber fazer ao fazer. Faz aquilo que precisa ser feito.

Olhando para a atual conjuntura mundial, o momento parece de crise, dada a crise econômico-financeira, dada a crise ambiental e dada a crise de sentido e de valores. Não são as lideranças burocráticas e o cálculo econômico que superarão essa crise. Existe uma crise de profundidade, multiforme, que diz respeito à economia, ao sistema financeiro, à questão ambiental, à pobreza, ao comércio, aos valores e sentidos da humanidade. Essa crise exige o surgimento de lideranças de *virtù*. Muitas vezes essas lideranças são preparadas antes do momento da intervenção. Outras vezes elas são forjadas nas próprias lutas. Tome-se novamente o caso de Alexandre, o Grande. Quem foi o centauro que educou Alexandre? Ele foi forjado pela mão de ferro de Felipe e teve o espírito lapidado por Aristóteles. Maquiavel tem aquela ideia de que os líderes são educados pelo centauro. O centauro ensina os líderes a serem metade homem, metade animal. Ensina os líderes a serem raposas e leões. Ensina a lutarem com lei e com a força.

Nós perdemos essa coisa de uma escola de lideranças, não nos preocupamos nas nossas instituições acadêmicas com forjar e lapidar o espírito dos jovens para que possam ser novas lideranças, mesmo no âmbito profissional. Essa questão da formação de lideranças foi perdida ao longo do tempo nas universidades. Se nós tivéssemos essa questão permanentemente presente na educação dos nossos jovens, no ensino fundamental, no ensino médio e no ensino universitário, certamente teríamos muitos líderes setoriais e líderes políticos inovadores, aptos a empreender soluções criativas para os nossos problemas. Como não construímos isso, não criamos uma cultura da grandeza, do enfrentamento da excepcionalidade, não criamos uma cultura da luta. A formação do líder, para além da boa formação técnica, requer formação política e moral, formação para a cidadania, sem as quais não haverá liderança virtuosa. É por isso que, muitas vezes, o líder autêntico se forma na Escola da Vida, nas lutas sociais, pois lá poderá forjar o aprendizado político e moral, a aptidão para uma cidadania republicana, que muitas vezes não se aprende no ensino formal.

Entendo que, de modo geral, a teoria de Maquiavel continua viva, seja como instrumento de compreensão da realidade, seja como guia e orientação para a ação. Só para ficar apenas em outro conceito clássico de *O Príncipe*, o conceito de *fortuna*, podemos dizer que, mesmo na era da tecnologia da informação, do cientificismo, do racionalismo e do cálculo matemático, esse conceito continua mais operativo do que nunca. A própria ciência, a própria física, está sempre incursa em âmbitos de incertezas e imprevisibilidades. A *fortuna*, na esfera dos negócios humanos, expressa o advento de eventos contingentes, do acaso, do imprevisto. Nos momentos de crise, como o momento atual, a imprevisibilidade e as incertezas adquirem uma dimensão alargada. Requer-se maior *virtù* dos líderes para confrontar o advento de eventos contingentes, antevendo problemas, planejando ações, definindo estratégias. Sem isso, os riscos da ação humana, nas interações sociais e na relação com a natureza, aumentam exponencialmente. A possibilidade de produzirmos desastres aumenta. Essa *virtù*, confrontadora da *fortuna*, precisa guiar-se por princípios precisos e ter seu programa constantemente revisto à luz destes, pois a ciência, a técnica e o racionalismo mostraram que também são limitados e falíveis na produção de soluções para os problemas humanos.

Carlos Melo: Déspotas esclarecidos ou reformadores das instituições?

AF: Reformadores das instituições. Voltando aqui a Maquiavel..., já que ele está sendo discutido, ele nunca deu o aval para considerar uma liderança exemplar alguém que fosse déspota. Quem eram os grandes heróis de Maquiavel? Eram Moisés, Ciro, que construiu o império persa, Teseu, que libertou Atenas de uma situação indigna, e Rômulo, que foi o fundador de Roma. E depois ele admira, digamos assim, heróis menores que foram os grandes generais romanos, que aparecem nos *Discursos sobre a primeira década de Tito Lívio*. Aparecem lá generais como Camilo, Cipião, Cincinato e tantos outros que eram de uma virtude excepcional, que controlavam sua natureza, seus desejos, suas vontades para fazer aquilo que precisava ser feito. O grande líder é aquele que faz o que é preciso ser feito para que os objetivos sejam alcançados. O que determina esse êxito é, principalmente, a virtude da prudência à qual a ousadia é subordinada. O líder que se acomoda ao que foi conquistado tende à derrocada. Somente aquele que tem a consciência da excepcionalidade será capaz de romper o *status quo* e criar o novo. De certa forma, o grande líder é aquele que age pela desmedida. Somente assim se constrói como grande líder. Os nossos líderes de hoje, aqui no Brasil e, de certa forma, no mundo, são aqueles que se atêm às medidas, administram o *status quo*, não percebem a crise ou não se propõem a construir ou a agir na excepcionalidade.

Carlos Muanis: Se um estudante hoje lhe perguntasse e pedisse para você resumir o sentido de uma utopia, necessária para motivar a ação, para dar esperança, para reacender o sentido mágico da vida, como você resumiria um horizonte utópico nos dias de hoje, diante dessa complexidade que acaba de colocar?

AF: Faz alguns anos que abandonei a militância em torno de utopias (risos). O que eu diria para o jovem: nós temos de agir no presente, tentar melhorá-lo, transformá-lo, cumprir o nosso dever no presente, guiados por dois valores. Em primeiro lugar, perguntar o seguinte: Quem precisa de nós? Quem precisa de mim neste momento? O papa Francisco se fez duramente essa pergunta. Ele respondeu categoricamente que quem precisa dele e da Igreja são os mais pobres, os desamparados, são os mais necessitados. Nós temos que saber responder a essa pergunta no presente: Quem precisa de mim? Quem precisa da política, quem precisa dos líderes, quem precisa do Estado? É essa pergunta que nós temos que responder, seja do ponto de vista individual, seja do ponto de vista político. É uma atitude para com o presente.

E em segundo lugar, uma atitude para com o futuro, que não é uma atitude utópica. E a atitude para com o futuro tem que dimensionar o seguinte: eu sou responsável e tenho um compromisso para com as gerações futuras? Essa responsabilidade e esse compromisso não me remetem a uma visão idílica e paradisíaca no futuro. Devem me remeter à questão da minha ação no presente. Se eu tenho responsabilidade e compromisso para com as gerações futuras e, consequentemente, para com a humanidade, para com a continuidade da humanidade, o que eu devo fazer agora para que as gerações futuras herdem um mundo melhor e condições para que a vida continue na Terra? Parece-me que é essa a questão.

Temos que perceber que a questão da tragédia da humanidade se colocou de forma dramática. As perspectivas do mundo são caóticas e apocalípticas em face dos problemas ambientais, da finitude dos recursos, da superpopulação, da contaminação de todos os ambientes, da pobreza, das desigualdades etc. A luta é aqui e agora para enfrentar essa perspectiva trágica da existência humana. Eu tenho dito isso para os meus alunos, e é dessa forma que eu vejo as perspectivas do presente e do futuro.

A esperança é que essa crise nos impulsione para a ação, nos obrigue a construir projetos e estratégias que sejam capazes de nos fazer divisar um caminho melhor para esta nossa caminhada na Terra. Enfim, julgo que precisamos tentar responder a três grandes questões do nosso tempo, que já foram postas por pensadores aqui e ali: o que devo fazer da minha vida? Quem precisa de mim? E o que vamos fazer do nosso planeta?

O texto deste livro foi composto em Sabon LT STD, corpo 11/15,5.

A impressão se deu sobre papel off-white pelo Sistema Cameron da Divisão Gráfica da Distribuidora Record.